mit Johanna Völkel

Die Bitch Bibel

mit Johanna Völkel

Die Bitch Bibel

riva

Bibliografische Information der Deutschen Nationalbibliothek
Die Deutsche Nationalbibliothek verzeichnet diese Publikation in der Deutschen Nationalbibliografie. Detaillierte bibliografische Daten sind im Internet über http://dnb.d-nb.de abrufbar.

Für Fragen und Anregungen
info@rivaverlag.de

Wichtiger Hinweis
Alle Geschichten, die in diesem Buch erzählt werden, sind authentische Geschichten. Einige Namen und Orte, die in diesem Buch vorkommen, mussten allerdings aus persönlichkeitsrechtlichen Gründen verändert werden.

Die Bilder stammen aus dem Archiv der Autorin. Sollte trotz intensiver Recherche ein Rechteinhaber nicht berücksichtigt worden sein, so werden berechtigte Ansprüche im Rahmen der üblichen Vereinbarungen abgegolten.

Originalausgabe
1. Auflage 2020
© 2020 by riva Verlag, ein Imprint der Münchner Verlagsgruppe GmbH
Nymphenburger Straße 86
D-80636 München
Tel.: 089 651285-0
Fax: 089 652096

Redaktion: Silke Panten
Umschlaggestaltung: Isabella Dorsch
Umschlagabbildung: Nils Schwarz
Layout und Satz: Daniel Förster, Belgern
Druck: GGP Media GmbH, Pößneck
Printed in Germany

ISBN Print 978-3-96775-002-7
ISBN E-Book (PDF) 978-3-7453-1126-6
ISBN E-Book (EPUB, Mobi) 978-3-7453-1127-3

Weitere Informationen zum Verlag finden Sie unter

www.rivaverlag.de

Beachten Sie auch unsere weiteren Verlage unter www.m-vg.de

Inhalt

Prolog

latsch, weg war ich. Dann war Ruhe. Frieden – zumindest ein paar Sekunden lang. Ich hielt den Atem an, dann war ich plötzlich wieder da. Panisch schnappte ich nach Luft, ruderte mit den Armen, trat wild um mich und merkte, dass dem Frieden ein Fight folgen würde. Ein einsamer Kampf, der lange währen, den ich aber niemals aufgeben würde. Neben mir schwamm ein Schuh. Hinter mir trieben ein paar Sportsocken. Vor mir grüßte das rettende Ufer. Doch mich empfing Gelächter statt Gnade. Hass statt Heiterkeit. Willkommen in der Welt, in der man nicht anders sein darf als der Durchschnitt.

Es war ein sonnig-heißer Tag in Leipzig – dem Ort, in welchen man mich ein gutes Jahr zuvor genauso hart hineinschubste wie an diesem Tag in den Cospudener See. Ich war 14 Jahre alt, auch wenn ich mich täglich auf Führerschein schminkte. Wir trafen uns an der Bushaltestelle, meine angeblichen Freunde und ich. Vier, fünf Mädchen aus meiner Schule und ein paar deutlich ältere Jungs. Wir hatten Sommerferien und wollten einen chilligen Tag am Wasser verbringen. Ein Tetra Pak Wein folgte auf das nächste, denn ohne Suff hätten die Jungs mit uns kleinen Dosen niemals abgehangen. Voll statt volljährig. Immerhin. Schwankend stieg ich in den Bus und torkelte mit meinen arschfressenden Hotpants Richtung letzte Reihe. Scheinbar unbemerkt checkte ich dabei, ob mein ausgestopftes Bikinioberteil noch sitzt. Saß. Ach, was wollte ich cool sein. Wir alle wollten cool sein.

Zwanzig Minuten später liefen wir mit unserer Boombox bewaffnet die kurze Strecke hinunter zum See. Während Lady Gaga sich die Seele aus dem verkleideten Leib sang, breitete ich – auch selbst immer noch ziemlich breit – die Decken aus. Ich war übelst bereit, ein promillereduzierendes Nickerchen zu zelebrieren. Doch kaum hatte ich die Augen geschlossen, packten die Mädels zu und schleppten mich, in voller Montur inklusive meiner Schuhe, grölend ins Wasser. Egal wie sehr ich auch strampelte, es gab kein Entkommen. Immer tiefer und tiefer zerrten sie mich in den See, dann ließen sie los und drückten, zur Belustigung der restlichen Gang, meinen Kopf ein paarmal unter Wasser.

Als ich mich wieder hochrappelte, hörte ich schallendes Gelächter und bemerkte, dass ich halb nackt dastand. Die aufgequollene Sockenpolsterung über meinen nicht vorhandenen Hupen hatte sich gelöst und trieb nun vorwurfsvoll neben meinem Schuh, den ich ebenfalls verloren hatte. Sicherlich hätten sich die Socken – statt im BH auf dicke Hose machen zu müssen – ein ganz normales Leben in ebendiesen Schuhen gewünscht. Aber bei mir gibt es eben kein »ganz normales Leben«, auch für meine Socken nicht.

»Hahahaha! Schaut mal, Jungs, die billige Schlampe macht den ganzen Tag auf sexy und hat noch nicht mal Möpse!«, rief eines der Mädchen triumphierend. Ich fühlte mich unfassbar bloßgestellt. Wie ein begossener Pudel stand ich da und weinte. Mein Make-up tropfte mit den Tränen um die Wette, während ich mir anhören musste, dass ich mich doch nicht so anstellen solle, denn mit meinem XL-Zinken hätte ich ja schließlich auch im tiefsten Gewässer Haifisch-like überlebt. Das waren sie also, meine »Freunde«. Menschen, zu denen ich unbedingt dazugehören wollte, die mich aber zu keiner Sekunde akzeptierten, sondern täglich verarschten. In Wirklichkeit hatte nämlich keines dieser Mädels Bock auf die übersexualisierte Bitch in Rosa. Aber so war ich und so wollte ich auch bleiben.

Das Gelächter war mittlerweile lauter als das Dröhnen der Box. Beschämt, wie Aschenputtel mit nur einem Schuh lief ich hoch zur Haltestelle. Bloß weg hier. Irgendwann kam endlich der Bus. Traurig und durchnässt stieg ich ein. Durch das offene Fenster hörte ich den Beat der Boombox. Es war Peter Fox, der mir trällernd versicherte, dass er so gern ein Haus am See hätte. Alles, dachte ich. Nur bitte nicht das.

Es war der Moment, in dem ich checkte, dass ich »anders« bin. Es war der Moment, in dem ich mir schwor, der Welt eines Tages zu zeigen, dass man sich nicht anpassen sollte, um anderen zu gefallen. Ich bin der Meinung, dass niemand auf dieser Welt irgendwie sein muss. Nicht jeder muss so extrem sein wie ich, aber jeder sollte doch eben so sein können, wie er mag oder ist, ohne gemobbt, bloßgestellt oder beschimpft zu werden. Ich hielt durch. Ich hielt so lange durch, bis die Dinge, für die ich verspottet wurde, mich zum Kult machten. Jeder Fehler, jede Macke machen einen Menschen zu einem unverwechselbaren Individuum. Diese Einzigartigkeit ist oft ein lukratives Geschenk – das sollte man nie vergessen.

1. Gebot

EINE BITCH VERGISST NIEMALS, WO SIE HERKOMMT!

Wie ich vom Getto an den göttlichen Arsch der Heide zog

Vogel, Katrin, geboren am 10. August 1996 in Teplice, Tschechien. So steht es in meinem Ausweis. Ja genau, Vogel. Ein Name, der bei mir seit jeher Programm ist. Nicht in Form von Spatzenhirn oder dass ich mir gerne einen zwitschere, eher im Sinne von nicht alle Körner auf der Kette haben. Aber noch viel mehr im Sinne von frei sein und den Willen haben, das durchzuziehen, wozu man geboren wurde. Fliegen, um Überflieger zu werden! Egal wie viele Federn man auch lassen muss. Ein Vogel oder besser gesagt eine Vogel lässt sich nicht die Flügel stutzen.

Mein Heimatort Teplice ist ein mittelgroßes Industriekaff, das relativ nah an der deutsch-tschechischen Grenze liegt. Besitzt man eine anständige Karre und weiß, dass rechts das Gaspedal ist, braucht man von dort aus knapp 45 Minuten bis nach Dresden. Leider ist die Gegend in und um Teplice durch jahrzehntelange Braunkohleförderung ziemlich umweltverschmutzt. Sprich, die Luft da ist ähnlich dirty wie meine Gedanken. Das war aber nicht immer so. Ganz früher war das Städtchen hauptsächlich als Kurort bekannt. Wegen der heilenden Wirkung des Thermalwassers hingen dort sogar krasse Kollegen wie Goethe, Beethoven und Casanova ab. Richtig gelesen: Pussy-Magnet Casanova und der alte Johann Wolfgang. Genau betrachtet liegt der Ort geografisch übrigens im Böhmischen Becken. Und da kommen wir schon zu meiner Geburt. Die Vogel aus dem Becken kam dank des heilenden Quellwassers quasi als weiblicher Casanova zur Welt und haute direkt mal raus: »Fuck you, Goethe, jetzt KOMMT Boss Bitch!« Und das im wahrsten Sinne des Wortes ziemlich häufig, wie sich später rausstellen sollte.

Um bildlich bei Orgasmen zu bleiben: Meine Geburtsstadt war alles andere als ein Höhepunkt. Kurort für Touris hin oder her, in Wahrheit ist Teplice ein Getto. Der Einzige, der hier niemals arbeitslos wäre, heißt Peter Zwegat. Natürlich gibt es verschiedene Auffassungen davon, was genau ein Getto ist; für mich bedeutet es in erster Linie: keine Kohle, konstante Kriminalität. Und ich sage euch, Menschen ohne Geld haben in Tschechien keine andere Wahl, als asozial zu werden. Um es zu nageln: Dort ist, war oder wird fast jede Frau eine Hure. Von Kindern über Mütter bis hin zu Omas. Getreu dem Motto: »Geile Grannys besorgen es dir!« Käufliche GILFs, wohin der Freier schaut. An manchen Klischees ist eben doch was dran: Tschechien ist definitiv das Land der Horizontal-Hostessen und Verbrecher. Ohne illegale

Scheiße kein Cash. Von Autodiebstählen über Raub bis hin zum fett organisierten Drogenbusiness. Alles am Start. Täglich, immer und überall. In riesigen Drogenküchen wird dort Crystal Meth zusammengebraut und dann über die Grenze nach Deutschland geschmuggelt. Vor allen Dingen Sachsen und Thüringen sind überschwemmt mit dem verfickten Scheißzeug aus meiner Heimat. Und im Netz heißt es dann, Teplice sei ein schöner Kurort. Ja klar, wenn man da eine Woche mit seinem Wellnessarsch im Kurhotel hockt und das Thermalwasser abfeiert, dann ja, vielleicht. Aber in Wahrheit herrscht in der Region ewige Cash-Ebbe. Auch der Dukatenscheißer meiner Mutter hatte demnach ständig Verstopfung, und so musste sie sich ebenfalls mit semilegalen Mitteln durchs Teplicer Getto boxen, auch wenn sie eigentlich Fotografin gelernt hatte. Aber was oder wen sollte sie knipsen? Alle nackten Kerle, denen man nicht in die Tasche greifen konnte, weil sie pleite waren? Ich bin heilfroh, dass sie zumindest nie ihre Pussy für Kohle hinhalten musste. Dass sie damals in Sachen Prostitution eine Ausnahme darstellte, ist allerdings ein Wunder, wenn man bedenkt, dass sie und später auch meine Brüder zwischen Drogendealern, Menschenhändlern und Nutten aufwuchsen.

Aber der Reihe nach: Meine Mama Jaroslava, genannt Jarka, ist äußerlich so zierlich, wie sie innerlich stark ist. Jahrzehntelang trug sie ihr Haar feuerrot. Vielleicht, weil sie eine genauso krasse Kämpferin ist wie das Mädchen Zora aus den berühmten Kinderbüchern. Eine Badass-Bandenanführerin, vor der jeder Respekt hatte und die trotz Hunger und Not täglich ihre Freiheit feierte. Ich habe drei Halbbrüder, die auch untereinander wiederum nur Halbgeschwister sind. Drei Jungs, ein Mädchen, vier Väter, eine Mutter. Schon mit 17 bekam meine Mum ihr erstes Kind: Otto. Natürlich hält eine Beziehung in dem Alter einer solchen Belastung nicht stand. Und auch bei meinen zwei weiteren Brüdern Tomaš und Radek, die sie Anfang und Mitte 20 bekam, funktionierte das mit den jeweiligen Erzeugern in Sachen Beziehung nicht wirklich. Drei Jungs, nonstop alleinerziehend – und das in Tschechien. Man kann sich Chilligeres vorstellen. Es blieb ihr also gar nichts anderes übrig, als sich jahrelang knallhart durchzubeißen. Mit drei kleinen Kindern in einer Mini-Mietbutze hausen und zusehen, dass das Leben trotzdem läuft. Ich sag mal, schlau ist anders. Zum Glück war sie smart genug, sich in der Szene die »richtigen Freunde« zu suchen. Es gab dort ein paar böse, aber sehr einflussreiche Albaner, die sich erfolgreich darum kümmerten, dass meine Mutter von niemandem aufs Maul bekam.

Mit Mitte 30 lernte sie dann über eine Freundin meinen Vater kennen, der in einem 130 Kilometer entfernten Mini-Kuhdorf wohnte, das ungefähr so groß war wie ein Stecknadelkopf. Mein Vater war damals selbstständig mit einer kleinen Handwerksfirma, die Tore anfertigte, was meiner Mutter wohl mächtig imponierte. Sie bandelte mit ihm an, obwohl er in Deutschland noch verheiratet war. Die beiden verliebten sich und meine Mama wurde schwanger. Schon immer hatte sie sich nach einer Tochter gesehnt, und so kam es, dass sie vier Tage vor ihrem 37. Geburtstag tatsächlich noch ein viertes Kind bekam. Mich.

Der Grund, warum meine Mutter allerdings erst ein halbes Jahr nach meiner Geburt Tschechien verließ und zu meinem Vater zog, bestand in der kleinen, aber nicht ganz unwichtigen Tatsache, dass die Frau meines Vaters und seine zwei Kinder noch gemeinsam mit ihm im Haus lebten. Natürlich war die Ehe im Eimer und die Trennung beschlossene Sache, aber so ein Auszug ist ja oft langwierig und schmerzhaft. Als allerdings Jarkas Beschützerfreundschaft zu den Albanern wegen, nun ja, diverser Unstimmigkeiten bezüglich einiger Geschäfte endete, wurde es allmählich zu gefährlich für uns. Nachdem ein paar Typen mit Baseballschlägern auf meinen Kinderwagen eingeschlagen und auch meinen Brüdern den Tod angedroht hatten, war die Sache durch. Wir machten den Sittich, um es mal mit meinem Nachnamen zu sagen. Natürlich wollte meine Mutter nicht, dass ihre Tochter an einem derart gefährlichen Ort aufwächst. Sie wollte mir ein schöneres Leben bieten. Eins in Deutschland, in einem friedlichen Dorf, mit einem Mann, der auf legalem Wege Geld verdient und der in einem kuschelig-schönen Haus wohnt. Und so kam es, dass sie meinem Vater derart Feuer unterm Arsch machte, dass dieser seiner Ex endlich eine Wohnung besorgte. Mit allem, was meine Mutter hatte, also uns, zog sie Anfang 1997 nach Deutschland und heiratete dort meinen frisch geschiedenen Papa.

NEUE HEIMAT, NEUES GLÜCK?

Nun war ich da und niemand im Dorf ahnte, was aus dem kleinen blonden Mädchen aus dem tschechischen Getto einmal werden würde. Ich selbst ahnte es allerdings schon recht früh, wenn ich ehrlich bin. Der Ort ist gefühlt übrigens das kleinste Kaff auf diesem gottverdammten Planeten. Arsch der Welt trifft es mit den paar Häuschen und den etwa 60 Einwohnern ziemlich gut. Es gibt dort exakt nichts, außer Platz. Willkommen in der sächsischen Provinz. Diese Weite war meine neue Heimat. Wir lebten in einem schönen Haus mit einer riesigen Terrasse, alles an dieser Hütte hatte mein Vater selbst gebaut. Das große Grundstück, auf dem es stand, war umringt von etlichen Bäumen und Wiesen und einem wunderschönen Teich. Direkt neben dem Haus befand sich eine Lagerhalle, in der mein Vater an Autos herumtüftelte, Tore baute und Reparaturen und Lackierungen anbot.

Es folgten wunderschöne Jahre, alles in meiner frühen Kindheit war perfekt. Meine Mutter und auch mein Vater behandelten mich wie eine Königstochter. Alles, was ich wollte, bekam ich auch, und so wuchs ich im Gegensatz zu meinen Brüdern sehr behütet auf. Umsorgt, geliebt und an einem friedlichen Ort. Ein Ort voller Tiere und wenig Menschen. Ich erinnere mich, dass ich damals unbedingt ein Pony haben wollte und prompt zwei bekam. Ich war unfassbar vernarrt in meine zwei süßen Pferdchen namens Nathan und Donna. Füttern, Striegeln, Reiten. Ich beherrschte alles nach kurzer Zeit perfekt. Einen Gag zum Thema Reiten und Stute verklemme ich mir an dieser Stelle mal lieber.

Neben den Ponys hatten wir auch zwei Hunde, später sogar drei. Ashka war ein großer stinkender Mischling und Sheila ein ebenfalls unfassbar mies müffelnder Riesenschnauzer. Die beiden lebten draußen und schliefen nachts im Zwinger – niemand von uns hätte diesen Geruch im Haus ertragen. Ich habe die zwei Kläffer trotzdem über alles geliebt. Als ich mit zehn Jahren unbedingt ein Schoßhündchen fürs Sofa wollte, kaufte mir mein Vater noch einen Chihuahua. Ich war überglücklich und nannte den Fiffi Candy, weil ich damals so auf den Song von Snoop Dogg stand. Apropos cooler Name: Auf Tschechisch heißt Katrin Kačenca. Die Kurzform Kači klingt so ähnlich wie Katja, und so kam es, dass mich meine Mama seit unserer Zeit in Deutschland immer Katja nannte. Seither rief mich niemand mehr bei meinem echten Vornamen.

Das größte Rudel bildeten bei uns zu Hause aber die zwölf Katzen. Es hört sich asozialer an, als es war. Auch diese Viecher waren ja nie im Haus, sondern streunten auf unserem Grundstück herum. Es begann ganz normal mit einer Katze und erst als ich so lange herumjammerte, bis ich eine zweite bekam, nahm der Wahnsinn seinen Lauf.

Eine der beiden pimperte mit der Nachbarspussy und spätestens bei deren Nachwuchs lief das ganze Katzengebumse komplett aus dem Ruder. Schwups, da waren es zwölf. Es gab also tatsächlich mal Zeiten, in denen Muschis um mich herum mehr Sex hatten als ich.

Witzigerweise hatten wir auch immer mal wieder ein paar Schweine, Gänse oder Schafe – immer dann, wenn mein Vater eine seiner wirren Ideen hatte, man könne mit diesen Tieren Geld machen. Was natürlich nie funktionierte auf der kleinen Basis. Das schrägste Tier, das bei uns zu Hause in einem riesigen Terrarium herumschlängelte, war eine grün-braune Anakonda, die mehrmals in der Woche gierig ein paar lebendige Mäuse und Ratten vertilgte. Mir taten die kleinen Viecher so leid, dass ich immer mal wieder heimlich welche von ihnen im Garten freiließ. Bis auf die Fütterung der Schlange war jedoch alles in dieser Zeit so unbeschwert und schön für mich. Ich wuchs quasi als verwöhntes Einzelkind auf, da meine Brüder relativ schnell in eine WG ins nächstgelegene Dorf namens Oschatz zogen. Die drei hatten keinen Bock auf ihren neuen Stiefvater und wollten eh nur kiffen, trinken und chillen. Und auch Sandra und Max, die Kinder meines Vaters aus besagter erster Ehe, wohnten bei ihrer leiblichen Mutter. Wenn meine beiden Stiefgeschwister bei uns waren, dann meist nur zu Besuch oder mal an den Wochenenden. Alles schien perfekt. Die ersten grauen Wolken, die schon damals langsam aufzogen, nahm ich in keiner Weise als Vorboten eines hässlichen Gewitters wahr.

Doch diese ersten unbeschwerten Jahre meines Lebens, die kann mir niemand mehr nehmen. Ich fühlte mich wie eine kleine Prinzessin in einem Dorfschlösschen mit Eltern, die mich über alles liebten. Und trotzdem habe ich diese unfassbare Verbundenheit zu meiner echten Heimat. Dem schmutzigen Ort voller Sünden und Armut. John Travolta sagt im Film *Passwort: Swordfish*: »Tja, man kann ein Mädchen aus der Gosse, aber die Gosse nicht aus dem Mädchen rausholen!« Ich finde, das trifft es ganz gut, ohne den Fokus auf das Negative zu legen. Es geht einfach um die Wurzeln, die bleiben, egal wo man lebt. Meine Mutter wird immer mein Antrieb sein, mein Motor, meine Wurzeln, mein Halt. Sie war und ist immer für mich da, genauso wie ich für sie. Egal woher mein Vater stammt, im Herzen bin ich eine vollumfängliche Tschechin.

Also Bitches, egal wie hoch ihr es schafft, vergesst niemals, wo ihr herkommt! Warum? Weil ihr nie wisst, wohin die Zukunft euch trägt. Amen.

2. Gebot

NIEMAND STIRBT KEUSCH, DAS LEBEN FICKT UNS ALLE!

Wie mich der Tod meiner Brüder lehrte, dem Schicksal den Mittelfinger zu zeigen

Das Schicksal entscheidet, wer in dein Leben tritt, doch nur DU entscheidest, wer bleibt!« Ich hasse diese Redensart. Bullshit ist das! Denn das Schicksal entscheidet sehr wohl, wer wieder geht. Zumindest im Falle meines Halbbruders Max. Zack, ehe ich michs versah, war er da, der Tod ohne Not. Grundlos schlug er zu und in unserer Familie war plötzlich nichts mehr, wie es gewesen war. Das besagte Schicksal schenkte mir exakt fünf gemeinsame Jahre mit Max. Kein Jahr weniger, keins mehr. Ich erinnere mich, dass meine Bindung zu ihm nicht so eng war wie zu meinen anderen Brüdern, aber wir mochten uns sehr. Max besuchte uns mehrmals im Monat und obwohl ich damals noch so klein war, spielte er immer mit mir, was für einen Teenager ja nicht selbstverständlich ist. Meine Mutter erzählte mir später, dass Max irgendwann begann, über Schmerzen im Bein zu klagen. Erst hin und wieder, dann immer häufiger. Als die Beschwerden unerträglich wurden, ließ er sich mehrmals untersuchen. Der Dorfarzt aber glaubte ihm kein Wort. »Hör zu, Freundchen, wenn du keinen Bock auf Schule hast, dann sag das, aber mach hier nicht auf krank!«, warf er ihn raus, nachdem Max ihn wohl wiederholt mit seiner angeblichen Qual zu nerven schien. Doch die Schmerzen hörten nicht auf. Max' Mutter checkte irgendwann, dass er nicht simulierte, und suchte daraufhin nach anderen Ärzten. Einer von ihnen diagnostizierte dann den beschissenen Krebs. Ein Knochentumor hatte sich im Oberschenkel von Max ausgebreitet, so massiv, dass man nicht einmal mehr versuchen konnte, ihn mit einer Chemotherapie zu retten. Zu spät, nichts hätte geholfen. Auch wenn ich erst fünf Jahre alt war, werde ich diese schemenhaften Bilder nicht vergessen, wie Max auf Morphium zu Hause in einem Spezialbett an einem Tropf hing und auf den Tod wartete. Nicht nur er, sondern auch die Situation war so unfassbar krank. Die Vorstellung, dass er auf den Tod wartete wie wir gesunden Menschen auf eine Pizzalieferung, fickt mich bis heute. Meine Mama erzählte mir später, dass wir ihn in der Zeit ganz häufig besuchten. An manchen Tagen ging es ihm wohl besser, andere wiederum waren für ihn kaum zu ertragen. Er siechte dahin und niemand konnte etwas daran ändern.

Eines Tages im Herbst 2001 hockte ich im Wohnzimmer vor der Glotze und schaute irgendwelche Zeichentrickfilme. Ich habe früher immer mit einer Decke auf dem Boden gesessen, weil ich das irgendwie gemütlicher fand. Ich bemerkte, wie mein Vater nach Hause kam, die Tür ins Schloss fiel und er ohne Worte in unsere Wohnküche lief. Ich konnte ihn nicht sehen, aber hören, als er vor meiner Mutter stand.

Ich vernahm schweres Atmen, dann ein zerbrechliches Schluchzen, gefolgt von einem unendlich schlimmen Weinkrampf. Gänsehaut kroch mir über den Rücken, wie erstarrt blieb ich sitzen, klammerte mich an meine Kuscheldecke und lauschte. »Max ist tot! Tot, verstehst du, tot!!!«, hörte ich ein dumpfes Wimmern. Vermutlich hing mein Vater in Jarkas Armen mit dem Kopf an ihrer Schulter. Ich weiß noch, wie meine Mutter danach zu mir ins Wohnzimmer kam, mich umarmte und eine halbe Stunde nicht mehr losließ. »Max ist gestorben, aber alles wird gut, versprochen!«, flüsterte sie immer wieder und versuchte damit verzweifelt, die ersten Risse in meiner Kinderseele zu kleben.

Ich war noch viel zu klein, um das Ausmaß zu realisieren. Ich fühlte mich zwar leer, aber konnte die Sache nicht greifen. Erst viel später, als ich verstand, was eigentlich passiert war, schwor ich mir, nicht an Schicksalsschlägen zu zerbrechen. Ich wollte stark sein, zäh genug, jedem noch so beschissenen Einschlag den Mittelfinger zu zeigen. Keine Trauer sollte je meine Lebensfreude brechen, und so schob ich alles beiseite. Ich verdrängte und bemerkte sehr lange nicht, dass das nicht das richtige Rezept war.

OH, OTTO! WIESO?

Mein ältester Bruder war ein wenig charmanter Macho und Weiberheld. Er war groß und gut aussehend, aber im Charakter komplett unbelehrbar. Die wenigen Chancen, die er auf ein legales Leben hatte, trat er mit Füßen und dennoch liebte ich ihn über alles. Bro ist Bro und wie sollte man auch die 20 Jahre tschechisches Getto aus ihm herausbekommen? Otto war cool, tough und in seinen schlimmen Zeiten oft auch ein cholerisches Arschloch. Kein Schulabschluss, keine

Ausbildung, dafür Straße und Abhängen. Er blieb im Milieumodus, während seine Seele langsam ging. Sie stumpfte ab. Sie verkümmerte. Er nahm sich einfach keine Zeit, sie zu pflegen.

Ich erinnere mich, wie er immer protzte: »Kači, ich bin bekannt auf der Straße!«

»Aber wenn du berühmt wärst, dann würden dir die Leute ja hinterherlaufen und nach Fotos fragen«, ließ ich ihn daraufhin verdutzt wissen. Genervt schüttelte er dann immer mit dem Kopf. Heute weiß ich natürlich, was er mir damit sagen wollte. Er war ein Gangster, vor dem man auf der Straße Respekt hatte. Niemand im Umkreis von 200 Kilometern wollte mit Otto Beef. Aber damals als Kind habe ich die Lage einfach nicht gecheckt. Otto war so oft im Knast, dass ich es gar nicht mehr zählen kann, und trotzdem zog der Motherfucker danach jedes Mal lässig seine illegale Scheiße weiter durch. Ganz vorneweg: Autos aufbrechen, ausräumen oder gleich ganz klauen. Das gab viel Geld. Also viel für jemanden, der keine Kohle hat. Die geklauten Radios und Navis stapelte er in unserer Lagerhalle, um sie dann zu verticken. Otto war so stolz auf sein handwerkliches Geschick, dass er sogar mir damals beibrachte, wie man eine Karre knackt, um das Radio auszubauen. Ich muss zugeben: Bei alten Autos kann ich das bis heute blind. Zum Glück könnte ich mir mit meinem heutigen Cash ein ganzes Stadion voller Radios auf ganz legalem Wege kaufen.

Meine Mutter schaute diesbezüglich weg. Sie wusste ja, wie ihr Sohn so war. Wir sind einfach Menschen, die immer irgendwie an Geld kommen, egal auf welche Art und Weise. Natürlich fand sie Ottos illegale Geschäfte nicht geil, aber sie akzeptierte sie, weil sie als junge Frau nicht anders gewesen war. Gewiss gab es auch Phasen, in denen sie vor Kummer kein Auge zumachte. Die ständige Angst, Otto könnte bei Bandenfights etwas passieren, ließ bei ihr auch nach Jahren nicht nach. Doch was sollte sie tun? Verbote hätten ihn vermutlich nur dazu ermutigt, es erst recht zu tun. Er wollte sich nicht ändern, trotz einer großen Chance, die ihm das Leben mit Mitte 20 gab. Als ich vier Jahre alt war, verliebte sich Otto in eine tschechische Frau, heiratete sie und bekam eine Tochter namens Dana. OMG! Dieses Mädchen ist so dermaßen schön, dass ich sie später sogar in meine Videos mit reingenommen habe. Was soll ich sagen, bei ihr hat die Optiklotterie einfach einen geilen Sechser ausgespuckt. Mein Bruder liebte zwar seine Frau, aber die Straße ließ ihn nicht los, und so entschied er, nicht bei der Familie zu wohnen, sondern die beiden nur hin und wieder zu besuchen. Tschüss, normales Leben! Und das, bevor es überhaupt wirklich gestartet war.

Am Anfang war unsere Beziehung deswegen auch nicht sonderlich gut. Ihm war so vieles egal und er sah mich als kleine nervige, verwöhnte Schwester – die ich ja auch war. Ich bekam alles und wollte immer entscheiden, was im Fernsehen geguckt oder am Abend gegessen wird, wenn er mal wieder eine Zeit lang bei uns wohnte. Ihn nervte das massiv, und so hatten wir häufig Geschwister-Beef, bei dem er dann immer extrem aggressiv war. Auch meinem Dad gegenüber war er oft so, er hasste ihn und akzeptierte ihn als Stiefvater in keiner Weise.

Erst als ich elf war, begann unser Verhältnis sich deutlich zu verbessern. Mein Hirn schien sich vom zickigen »Kleinkind« in Richtung cooles Mädchen zu entwickeln, und das gefiel ihm. Wir mochten uns und er begann, gerne Zeit mit mir zu verbringen. Ich weiß noch, wie wir einmal gemeinsam mit dem Fahrrad stundenlang durchs Dorf fuhren und uns über irgendwelche Sachen totlachten. Am Ende dieser

Tour nahm er mich in den Arm und küsste meine Stirn. Großer Bruder, kleine Schwester eben. Es ist für mich die schönste gemeinsame Erinnerung. Ein Augenblick, der sich glücklicherweise für immer in mein Gedächtnis brannte. Doch die Zeit mit ihm sollte einige Monate später ein jähes Ende finden, und das, obwohl das Schicksal in dieser Sache gar nichts entschied. Am Ende entschied nur er selbst.

Der Tag, an dem ich Otto zum letzten Mal sah, war der Tag, an dem er mal wieder für irgendeine irrelevante Scheiße verhaftet wurde. Er hatte uns gegen Mittag besucht, wir saßen mit Radek und meiner Mutter zusammen am Tisch und vertilgten eine riesige Portion ihrer selbst gemachten böhmischen Knödel. Scheibchen für Scheibchen ließen wir uns die Dinger auf der Zunge zergehen. »Chutný! Chutný!«, murmelte Otto, was so viel heißt wie »Schmeckt fett geil!« – um uns im Anschluss wissen zu lassen, dass er jetzt leider sofort losmüsse nach Tschechien. Geschäfte und so. Niemand von uns fragte in solchen Situationen nach Details. Ich stand im Vorraum, in dem sich unsere Garderobe und die Schuhschränke befanden, als sich Otto die Sneakers anzog, mir fünf gab und das Haus verließ. Alles, was ich dann noch hörte, war das Aufheulen des Motors jener Karre, die ihm zum Verhängnis wurde. Denn genau wegen dieses Wagens wurde er an der Grenze rausgefischt und zu drei Wochen sofortigem Knast verdonnert. Vermutlich hatte er das Auto geklaut und die Papiere gefälscht, aber genau weiß ich das nicht. Trotzdem war das nur irgendeine irrelevante Scheiße, mehr nicht, weswegen er ja auch nur ein paar kurze Wochen Knast aufgebrummt bekam. Als meine Mutter mir also ein paar Tage später erzählte, dass Otto in Dresden im Gefängnis sitzt, war ich nicht sonderlich geschockt. Ich dachte, okay, nicht schlimm, nichts Neues, er kommt ja bald wieder. Doch er kam nicht. Nie mehr.

Als wollte mir mein Körper eine Vorwarnung schicken, fühlte ich mich an jenem Tag hundsmiserabel. Mentale meterdicke Regenwolken hingen quasi zusammen mit mir und meinen Gedankenschleifen in der Schule ab. Es gab eine Klassenarbeit zurück, in der ich eine raketenmäßige Note bekam, über die ich mich aber trotzdem irgendwie nicht richtig freuen konnte. Ich war schlapp, lustlos und down, was komplett sinnlos war, denn gute Noten hab ich eigentlich immer extrem abgefeiert. Irgendwann rief meine Mutter an: »Kommst du nach Hause, Kači, hast du Schluss!?«, fragte sie komplett emotionslos. Ich dachte mir nichts dabei, packte meine Sachen und stieg in den gemeinschaftlichen Schulbus, der damals über zig Dörfer gurkte, bis alle Kinder zu Hause waren. Als ich ausstieg, sah ich, dass zwei Bullen am Ende der Haltestelle standen und mich anstarrten. »Hey, Kleine, komm doch mal zu uns, bitte!«, rief einer von ihnen und winkte. Sie seien von der Polizei und ich möge doch bitte in ihr Auto steigen, da sie mich bis ganz vor die Tür zu meiner Mutter bringen wollten, hieß es, als ich vor ihnen stand. Ohne mir eine Marke zeigen zu lassen und ohne nachzufragen, wieso und warum eigentlich, stieg ich arglos ins Auto. Wenn ich heute daran denke, wie naiv und gefährlich das hätte enden können, da das ja auch Fake-Bullen hätten sein können – Kidnapper! –, wird mir ganz mulmig. Irgendwo einsteigen, Leute, macht das niemals! Zum Glück waren es in diesem Fall echte Polizisten. Ich weiß noch, wie einer der beiden versuchte, mich während der Autofahrt mit belanglosen Fragen bei Laune zu halten: »Geht's dir gut?« – »Wie war die Schule?« – »Schönes Wetter heute, nicht wahr?« Blöd nur, dass es mittlerweile anfing zu regnen. Trotzdem ahnte ich nichts. Kinder reagieren nicht gleich panisch: »Oh Gott, warum sitze ich hier im Auto? Könnte etwa was Schlimmes passiert sein!?« Als Kind vermutet man in der Regel erst mal nichts Schlechtes. Wieso auch, zu gering sind die Erfahrungen, dass das Leben einen häufiger mal fickt.

Als wir vor unserem großen Hoftor standen, surrte es bereits, bevor wir überhaupt klingelten. Ich drückte auf, wunderte mich kurz, warum die Bullen den Weg zum Haus noch mitkommen wollten, dann sah ich meine Mutter im Türrahmen. So bleich wie eine Wasserleiche am Tatort stand sie da und zitterte am ganzen Körper. Sie ist ja eh schon so zierlich, in dem Moment wirkte sie noch kleiner, noch gebrechlicher. Wie ein gefolterter Geist auf der Suche nach sich selbst. Ich werde das nie vergessen, denn lebloser kann ein Mensch lebendig nicht aussehen. Ihr Anblick war so ekelhaft traurig, ihre toten Augen waren blutrot. Meine schöne Mama sah aus, als wäre sie innerhalb eines Tages um 50 Jahre gealtert. »Otto ist tot!«, sagte sie und umarmte mich so heftig wie damals bei Max. Nur diesmal war es genau umgekehrt: Ich fühlte mich plötzlich so widerlich erwachsen, als wäre ich die Mutter und sie das Kind. »Maminka, nein, nein, nein!«, flüsterte ich, während mir Tränen von der Wange auf die Jacke rollten, um dort lautlos im tschechischen Polyester zu versickern. »Maminka, ich verspreche dir, alles wird gut!«, hörte ich mich wie ferngesteuert schluchzen.

Doch nichts wurde gut. Otto hätte sich in seiner Zelle umgebracht, sagte sie und drückte mich noch etwas fester an sich. Ich weinte so krank wie nie wieder. In meinem Kopf hämmerte es. Die Worte »ist tot« reißen einem das Herz raus. Alles bricht innerlich zusammen. Ich fühlte mich wie eine Puppe, die in eine dunkle Schlucht fällt. Haltlos. Hilflos. Ohnmächtig. Nichts davon wollte ich wahrhaben, am wenigsten das scheußliche Gefühl der Vergänglichkeit. Sechs Jahre nach Max' Tod schlug er wieder ein, der böse Blitz ins Herz.

Ich folgte meiner Mutter in die Küche, als ich sah, dass dort ein Pfarrer saß. Das ist wohl immer so, wenn jemand unerwartet stirbt. Dieser Seelsorger war aber sehr nett, versuchte mich zu beruhigen, von wegen, dass wir jetzt erst mal einen Tee trinken. Ich willigte ein, stellte aber sofort klar, dass das alles nicht wahr sei und Otto lebe. Wir müssten doch nur im Knast anrufen und noch mal nachfragen, ob da nicht eventuell eine Verwechselung vorläge, sagte ich mit zittriger Stimme. Ich war so fest davon überzeugt, dass es noch Hoffnung gäbe. Das sei eine normale Reaktion, erklärte mir der Seelsorger, Verdrängung sei der erste Reflex. Ich drehte mich um und hörte, wie Jarka meine zwei anderen Brüder und meinen Vater anrief, der gerade auf Montage war. Ohne sich was anmerken zu lassen, lockte sie alle drei unter einem Vorwand nach Hause. Zu groß war ihre Angst, dass sie sonst im Schock einen Unfall bauen würden, was ich sehr schlau von ihr fand. Als wir dann alle vereint waren, brachen die restlichen Dämme. Es war unfassbar schlimm. Sogar mein Vater, der Otto ja eigentlich nicht mochte, heulte sich die Augen aus dem Kopf. Dieser gottverdammte Tag hätte schwärzer nicht sein können.

Die darauffolgende Zeit war ebenfalls ein Albtraum. Ich war zu Hause und versuchte zu begreifen, was genau eigentlich passiert war. Warum hatte Otto das getan? Wie hatte er es getan? Doch ich traute mich nicht nachzuhaken. Ich wollte es meiner Mutter einfach nicht antun. Ich hörte, wie sie Ottos Frau und auch der kleinen siebenjährigen Dana die Hiobsbotschaft übermitteln musste, und ich bekam mit, wie meine Eltern über den Grabstein diskutierten. Natürlich wollte meine Mama den schönsten und teuersten Stein, was sich allerdings schwierig gestaltete, da so eine Beerdigung eh schon extrem teuer ist. Das Haus war nicht abbezahlt und auch sonst hatten wir als Familie nicht sonderlich viel auf der hohen Kante. Da will man seinem Sohn die letzte, edle Ehre erweisen und ist gezwungen, auf die Kohle zu achten. Das war richtig schlimm. Auch wenn mein Vater normal verdiente, war er eben kein reicher Mann. Und trotzdem war die Beerdigung sehr schön gestaltet. Meine Mutter verbot mir, zur offiziellen Trauerfeier zu gehen, da sie wusste, dass ich das emotional nicht aushalten würde – was auch stimmte und wofür ich ihr bis heute sehr dankbar bin. Aber im Anschluss gingen wir alle gemeinsam ans Grab. Alles war wunderschön geschmückt, jeder brachte etwas mit und eine riesige Traube schwarz gekleideter Menschen mit Sonnenbrillen stand da, von denen ich die Hälfte gar nicht kannte. Das lag daran, dass Ottos Frau aus einer Zigeunerfamilie kam, und die bringen ja gerne mal ihre gesamte Verwandtschaft mit. Inklusive des Schwippschwagers der Cousine vierten Grades, versteht sich. Als wir die kleine Dana am Grab stehen sahen, war es um uns alle geschehen. Das kleine Mädchen weinte so bitterlich, dass es jedem dort auch noch das letzte Stückchen Herz zerriss. Das hinterließ Spuren. Ich, die ich sonst ausschließlich in rosa glitzernden Hello-Kitty-Klamotten abhing, trug auch Jahre später noch Schwarz. Auch der Schule blieb ich mit Krankenschein erst mal fern, ich schaffte es konzentrationstechnisch einfach nicht. Das Verdrängen der Sache kostete mich zu viel Energie. Ich tat nach außen hin schon kurze Zeit danach so, als ob ich wieder glücklich wäre, fiel aber immer wieder zurück in ein wütendes Loch. Mir war damals nicht bewusst, wie man mit Trauer umgeht, dass man sie zulassen und akzeptieren muss. Das man sie, so ekelig es sich anhört, umarmen muss, um wieder von ihr wegzukommen.

Erst zehn Jahre später, mit 21, als ich begann, mich mit dem Erlebnis wirklich zu beschäftigen und es zu verarbeiten, erfuhr ich, was genau mit Otto geschehen war. Meine Brüder Radek und Tomaš erzählten es mir, nachdem ich ihnen lange damit auf den Sack gegangen war. Ich wollte endlich eine Antwort auf mein WARUM. Weshalb hatte er sich umgebracht und uns alle sitzen lassen? Wieso verlässt ein Vater freiwillig seine siebenjährige Tochter?

Otto war die Monate vor seiner Verhaftung häufig seltsam hibbelig, dann wieder ganz lieb, gefolgt von cholerischen Anfällen, bei denen er uns alle beleidigend anschrie. Alles auf Droge. Klar konsumierte er schon immer Rauschgift, aber eben nicht das harte Zeug. Bis zum Jahr 2007. Aus irgendeinem Grund wurde er zum Junkie, der sich sicher war, dass ihm der kalte Entzug im Knast keine andere Wahl ließ. Heroin macht anscheinend so abhängig, dass man sich lieber umbringt, als die Schmerzen des Entzugs durchzustehen. Otto erhängte sich in seiner Zelle auf Turkey. Zitternd. Wahnsinnig werdend. Allein. Im Gegensatz zu Max hätte er ein anderes Schicksal haben können. Denn er bestimmte seines selbst.

Heute weiß ich, dass ich dem mir gegebenen Schicksal immer einen Mittelfinger zeigen werde. Wisst ihr, wie? Indem ich es umarme und es danach selbst weiter gestalte. Ich habe zwei meiner Brüder verloren, aber ich habe an Dankbarkeit gewonnen. Dankbarkeit für die gemeinsame Zeit und das Leben an sich. Amen.

3. Gebot

HEILIGE SCHEISSE, SEI WACHSAM! DIE HÖLLE IST DER ERDE OFT NÄHER, ALS MAN DENKT!

Warum ich einen Teil meiner Wurzeln für immer kappte

Meine schöne heile Kinderwelt begann zu bröckeln, als mein Vater anfing zu trinken. Vermutlich war es seine innere Leere, die ihm vorgaukelte, dass er so den Tod seines Sohnes Max besser verarbeiten könne. Doch sein ständiges Wegballern machte die Situation nur noch schlimmer. Erst realisierte ich das Ausmaß dieser ganzen Scheiße gar nicht. Wie auch? Ich war ja noch ein Kind und es dauerte sechs, sieben Jahre, bis aus meinem einst so liebevollen Vater ein aggressiver und abartiger Vollalki wurde. Ein, zwei Bierchen hier, drei, vier Schnäpschen dort. Langsam, aber stetig schien er seinen Konsum immer weiter zu steigern. Ohne Rücksicht auf Verluste.

Jedes Mal wenn er besoffen war, wurde er extrem aggro und fies. Nicht zu mir, aber vor allen Dingen meiner Mutter gegenüber. Er schrie sie grundlos an, pöbelte herum, schlug ihr ins Gesicht oder drohte ihr mit dem Tod. Immer wenn solch eine Situation aufkam, schickte mich meine Mutter sofort hoch ins Kinderzimmer. Ich vergrub mich dann im Bett, ließ aber die Tür offen, sodass ich alles hören konnte. Je häufiger diese Streitigkeiten aufkamen, desto mehr schob ich Paranoia, dass er ihr im Alk-Affekt etwas antun würde. »Ich bring dich um, du Schlampe!«, schrie er nicht nur einmal. Es waren die Momente, in denen er torkelte wie jemand, der gerade eine halbstündige Karussellfahrt hinter sich hat. Ich sag mal so: »ALLES DREHT SICH WIE IM CAAASINO« hätte es damals vermutlich auch ganz gut getroffen. Einmal schlich ich bei riesigem Geschrei die Treppe hinunter, um zu sehen, was da vor sich ging, als ich sah, wie er ihr ein riesiges Brotmesser an den Hals hielt. Ich erstarrte, konnte ihr nicht helfen, da mich die Situation als kleines Mädchen komplett überforderte. Stumm kauerte ich mich zitternd unter den Treppenaufgang und verharrte dort so lange, bis er endlich von ihr abließ. Von da an schlief ich jede Nacht im Bett meiner Mutter. Wie ihr das Messer stand mir nämlich die Angst bis zum Halse. Ich wollte verhindern, dass Schlimmeres passiert, und wusste, dass er mir niemals etwas antun würde – und auch meiner Mutter nicht, solange ich nur bei ihr wäre. Vermutlich war das naiv, da man Leuten mit drei Komma acht auf dem Kessel nie vertrauen sollte, aber ich spürte, dass das zwischen meinem Vater und mir ein unausgesprochenes Gesetz war und er dieses nicht brechen würde.

Ich weiß nicht, wie oft sich meine Mutter von ihm trennen wollte, einfach weg, irgendwo ein neues Leben anfangen. Aber sie tat es nicht, weil sie ihrer Tochter nicht die vermeintlich heile Ponywelt zerstören wollte. Sie wusste, wie sehr ich unser Haus und die vielen Tiere liebte. Es war der Grund, warum sie all die Jahre versuchte, die miese Stimmung zu vertuschen. Sie wollte auf keinen Fall, dass ich merkte, dass wir längst keine perfekte Familie mehr waren. Noch dringlicher wollte sie vertuschen, dass das Ganze sie extrem fertigmachte. Vermutlich ging es ihr innerlich oft hardcore dreckig, nach außen hin aber lächelte sie stets alles weg. Sie bekochte uns, sie putzte die Bude, sie wusch die Wäsche, fütterte die Tiere und erfüllte mir jeden noch so großen Wunsch. Sie mimte die Starke und schenkte mir all ihre Liebe, da sie merkte, dass die Liebe meines Vaters jeden Tag ein bisschen mehr verschwand.

Aber natürlich bemerkte ich, dass der ständige Zoff sie veränderte. Manchmal wenn ich von der Schule kam, hörte ich sie in der Küche weinen. Dann realisierte ich, dass auch sie alles zu verdrängen versuchte. Eigentlich waren wir alle nur noch am Verdrängen: sie den Beziehungs-Beef, er seine beschissene Sucht und ich die Risse in unserem Familienzusammenhalt.

Jedes Mal nachdem mein Vater einen schlimmen Ausraster hatte, schleimte er sich anschließend wieder bei ihr ein: »Ich hör auf mit dem Alk, ich mach das nie wieder, versprochen! Ich trink nicht mehr, wirklich!«, jammerte er dann immer und weinte. Spätestens drei Tage später musste er dann plötzlich wieder irgendwohin, verschwand für Stunden, um dann schweinebreit nachts um eins zu Hause reinzurumpeln. Dann wurde erneut geschrien, gepöbelt und gestritten. Möbelstücke flogen und knallten stumpf gegen die Wände. Am Ende hingen alle unsere Bilder genauso schief wie der Haussegen. Die Messe war gelesen, möchte man meinen. Aber es hörte nicht auf: versöhnen, streiten, versöhnen, streiten. Es war erbärmlich. Auch meinen Brüdern

gegenüber versuchte meine Mutter, alles zu verheimlichen, aber sie bemerkten, dass es bei uns zu Hause schon längst nicht mehr harmonisch
ablief. Hätten sie allerdings den Umfang der Ausraster meines Vaters
gekannt, wären sie vermutlich wegen Mordes im Knast gelandet. Der
kleine Rahmen reichte aus, dass sie ihn verachteten. Fortan machten
sie sich über meinen Vater lustig. Ihm war das bewusst und umso mehr
staunte ich, dass er später bei Ottos Tod in der Lage war, echte Tränen
zu produzieren.

Auch in mir haben diese Jahre selbstverständlich was verändert. Ich
habe meinen Vater immer geliebt, aber je mehr Zeit verging, desto
größer wurde meine Abneigung ihm gegenüber. Wieso in Herrgotts-
namen bekommt er den Suff nicht in den Griff und weshalb tut er
meiner Mum nur so viel Leid an, fragte ich mich immer wieder, ohne
jemals auf die Antworten zu kommen. Hätte ich zu diesem Zeitpunkt
geahnt, wie unfassbar ekelhaft und beschämend meine Beziehung zu
meinem Vater enden würde, ich hätte mich übergeben. Mehrmals.
Und immer wieder.

IHR KINDERLEIN KOMMET

Es war ein Samstag im Jahr 2008, mehr als zwölf Monate nach Ottos
Tod, als ich erneut einen seltsamen Anruf von meiner Mutter bekam:
»Kači, ich komm dich abholen!« Das war alles, was sie sagte. Dieses
Mal klingelten meine Alarmglocken sofort. Ich begann zu zittern. Was
war passiert?

Seit jeher hatte ich während meiner Zeit in dem Mini-Kuhdorf in der
sächsischen Provinz ein paar Freundinnen aus den umliegenden Nach-

bardörfern, die es liebten, mit mir bei uns zu Hause zu chillen. Das große Haus, die vielen Tiere, insbesondere die Pferde, meine Mama, die immer saulecker kochte und uns alles erlaubte – das alles war ein Paradies für kleine landpomeranzige Dorfmädels, und so konnte ich mich damals nicht beklagen, was Freundschaften betraf. Das war eine richtig schöne Zeit. Jedes Wochenende schliefen einige meiner Freundinnen bei uns und wir spielten stundenlang PlayStation oder hingen draußen bei den Tieren ab. Das lag besonders daran, dass alle von ihnen mit ihren Eltern in winzigen Mietwohnungen lebten und wir mit unserem Hof immer wie ein kleiner Urlaub waren. Drei dieser Freundinnen waren Schwestern und somit meist alle gemeinsam bei uns, weil das für die Eltern praktisch war. Einmal zu uns fahren, alle abladen und wieder zurück. Aber auch zwei weitere Freundinnen hingen ständig bei uns ab und gehörten quasi zur Familie. Je älter ich wurde, desto häufiger war mein Vater während dieser Zeit nebenan in seiner Werkstatt. Ich fand das ganz angenehm, da ich so weniger Angst hatte, dass er mal wieder vollgedröhnt rumpöbelte. »Wer von euch Süßen könnte mir mal ein Bierchen bringen?! Ihr dürft hier ja schließlich auch umsonst auf den Ponys reiten«, rief er hin und wieder, wenn er eine von meinen Freundinnen sah. Ich dachte mir nichts dabei, da es normal war, dass er ständig mit seinen Bierchen bedient werden wollte. Irgendeins der Mädels ging dann immer in die Lagerhalle und brachte ihm sein Pils. Währenddessen haben wir anderen weiter PlayStation gespielt und gar nicht darauf geachtet, wann wer, wie und wo wieder zurückkommt. Bei drei, vier oder manchmal sogar fünf Mädchen ist ja immer mal eine irgendwo bei den Ponys oder hört am Teich den Fröschen beim Quaken zu. Es fiel somit nie auf, dass diejenige, die ihm ein Bier brachte, immer etwas länger in der Lagerhalle blieb. Wieso auch? Nie im Leben hätte ich mir jemals ausmalen können, was da Abartiges vor sich ging.

Eines Tages allerdings bemerkte ich, dass mein Vater anfing, mich immer häufiger zu fragen, wann denn meine Freundinnen mal wieder vorbeikommen – und das, obwohl die Mädels da höchstens an zwei Wochenenden hintereinander nicht da waren. Ich hatte nämlich inzwischen im Netz über die damalige Plattform Schüler-VZ eine neue Freundin kennengelernt. Fatima wohnte mit ihren modernen türkischen Eltern in Oschatz. Sie war die erste Person, die ich traf, die exakt so tickte wie ich: Fatima hatte den gleichen Barbie-Style, feierte es genauso ab, sich zu schminken, und besaß obendrein auch noch einen Chihuahua. Sie war meine coole »City Sister«, in die ich mich freundschaftlich sofort verliebte und die ich immer besuchte statt andersherum. Das wiederum bedeutete aber, dass meine Dorffreundinnen an den Wochenenden eben weniger bei mir waren, da ich es cool fand, mit Fatima in Oschatz zu chillen. Irgendwann fiel mir auf, dass das meinem Vater zu missfallen schien. Um ehrlich zu sein, nervte er mich regelrecht mit seinem Gequengel, das ich doch mal wieder häufiger mit meinen netten »Dorfis« bei uns zu Hause abhängen könnte.

Es war tief in der Nacht, als ich hochschreckte. Ich hörte Gepolter und Geschrei, öffnete die Schlafzimmertür und sah meine Eltern unten im Flur. Hackedicht stand mein Vater vor Jarka, die ihn anschrie, wieso er das Mädchen befummelt hätte. »Nein! Nein! Nein! So eine gequirlte Scheiße! Die kleine Fotze lügt! Ich schwöre es!«, brüllte er zurück. Dann sackte er wie ein räudiger Köter auf den Fliesen zusammen und pennte sabbernd ein. Ich schlich zurück in das Bett meiner Mutter und wartete so lange, bis sie sich zu mir legte. Erleichtert schlief ich ein. Als zwölfjähriges Mädchen nahm ich diesen Zwischenfall nicht ernst. Ich stempelte das, was ich gehört hatte, als besoffenen Streit ab, ohne auch nur eine Sekunde darüber nachzudenken, ob an den Vorwürfen meiner Mum etwas dran sein könnte. Das alles war mir viel zu absurd. Es vergingen ein paar Tage, nichts passierte. Doch als ich mal wieder bei Fatima zu Hause saß, da kam er, der besagte Anruf: »Kači, ich komm dich abholen!« Wie ein Blitz traf mich die Erinnerung an Ottos Tod. Panik kroch in mir hoch.

»Ist Radek tot?«, fragte ich meine Mum.

»Nein, nein, um Gottes willen«, antwortete sie.

»Tomaš?«

»Kači, nein! Hör auf, niemand ist gestorben!«

»Ist dir was passiert?«

»Nein, ich komm dich jetzt erst mal abholen und dann reden wir.«

»Ist Papa tot?«

»Nein!«

Dann legte sie auf. Ich hätte schwören können, in ihrem letzten Nein ein kurzes Bedauern herausgehört zu haben. Im Nachhinein würde mich das zumindest nicht wundern. Ich spürte ihren Hass. Dann klingelte es erneut. Diesmal an der Tür. Fatimas Vater öffnete und ließ Jarka herein. Als ich sie sah, war alles klar. Irgendetwas brutal Krankes musste passiert sein. Blutunterlaufene, erschöpfte Augen starrten ins Leere, dann kam sie näher und umarmte mich. Ohne eine Frage zu stellen, stieg ich ins Auto und bemerkte erst nach einigen Kilometern, dass wir gar nicht nach Hause fuhren, sondern zum Polizeirevier. Ich kann mich nicht mehr an alle Details erinnern, weil das, was dann folgte, bei mir wie im Film ablief. Eine Polizistin erklärte mir, dass meinem Vater mehrfaches sexuelles Vergehen an Minderjährigen vorgeworfen würde und dass sie mich dringend dazu befragen müsste. Dann sah ich, dass auch meine Freundinnen mit ihren Eltern auf dem Revier saßen. Alle weinten. Es war die Hölle, ich schämte mich zu Tode.

Dann kam alles raus: Jedes Mal wenn ihm eine von ihnen ein Bier in die Lagerhalle brachte, fing er an, die Kleine zu betatschen, und zwang sie dann zuzugucken, wie er sich pervers einen schrubbte. Was wirklich unfassbar widerlich war, denn die Jüngste von ihnen war keine zehn Jahre alt. Die Beamten fanden heraus, dass er die Mädchen während dieser Zeit auf eine perfide und abartige Weise unter Druck setzte, indem er ihnen drohte, dass schlimme Dinge passieren würden, wenn sie ihren Eltern davon erzählten. Eine von ihnen benahm sich aber nach Monaten des Missbrauchs wohl so auffällig anders, dass die Mutter bemerkte, dass etwas mit ihrer Tochter nicht stimmte. Als das Mädchen nach massiven Nachfragen einbrach und auspackte, was passiert war, flippten ihre Eltern selbstverständlich komplett aus. Sie zeigten meinen Vater an und erzählten alles meiner Mutter, woraufhin es den Eklat in besagter Nacht gab. Auch wenn mein Vater es da noch abzustreiten versuchte, war meine Mutter so klug und so mutig, alle anderen Eltern zu informieren, dass sie doch sicherheitshalber mal bei ihren Töchtern nachhaken mögen. Daraufhin platzte die ganze widerliche Bombe. Mein Vater war am Arsch. Aus die Maus.

Auch die Gerichtsverhandlung, die kurze Zeit später stattfand, war ein nicht auszumalender Albtraum. Man fragte mich, ob er auch mir an die Wäsche gegangen sei oder mich sogar vergewaltigt habe. Ich blieb mit meinen Aussagen exakt bei der Wahrheit. »Mein Dad hat oft gesoffen, meine Mutter bedroht und auch geschlagen, mich aber nie befummelt«, gab ich zu Protokoll. Es folgten gefühlt 84 weitere Fragen. Ob ich denn nie etwas mitbekommen hätte etc. etc. etc. Die ganze Situation fühlte sich an wie das unermüdliche Rotieren eines Bohrers auf einem nicht betäubten Zahn. Ich hielt kurz inne, als ich die grausame Wahrheit realisierte: Mein Vater war ein perverser Kinderschänder und ich konnte nichts dagegen tun. Tatsächlich hätte ich mich am liebsten übergeben. Dann erinnerte ich mich, dass es da in der Tat

eine komische Aktion gab, die ich aber erst im Nachhinein als seltsam empfand. Die jüngste meiner Freundinnen hatte sich aus Albern-
heit mal zwei Luftballons unter ihr T-Shirt geschoben und war damit
arschwackelnd und geschminkt durch unser Haus gerannt, woraufhin
mein Dad wie angewurzelt stehen geblieben war und bemerkt hatte,
dass das aber sehr schön aussähe. Im Anschluss war genau diese Freundin mit ihren Luftballons und einem Bierchen in die Lagerhalle des
Grauens gehüpft. Während ich da saß und alles zu Protokoll gab, sah
ich, wie er mich vom anderen Ende des Gerichtssaals elendig anstarrte
und weinte. Ich weiß nicht, warum ich ihn weder wütend als Wichser
beschimpfte noch weglief, sondern wie ferngesteuert zu ihm ging und
ihn umarmte. »Popeye, es tut mir so unfassbar leid! Ich liebe dich, das
darfst du nie vergessen!«, schluchzte er bitterlich. Popeye. So nannte
er mich schon als Baby. Wie benommen stand ich da. Schockiert, tief-
traurig und paralysiert. Ich wollte meinen Dad zurück, aber die Ge-
stalt, die da saß, war nur noch ein perverser Drecksack. Verzweifelt
suchte ich nach Antworten. Warum hatte er das getan? Dann zog mich
meine Mutter fluchend aus dem Gerichtssaal. Noch einmal drehte ich
mich um, dann sah ich ihn nie wieder.

Mein Vater wurde im Anschluss zu mickrigen drei Jahren Knast verurteilt.
Was ein Witz ist, wenn man bedenkt, wie lange jemand eingebuchtet
wird, der ein paar Steuern hinterzieht. Fick dich, Rechtssystem! Bis heute
tut mir das unendlich leid für diese Mädchen. Mein Vater zerstörte ihre
Seelen. Rücksichtslos, niederträchtig und ohne Gnade.

Das Ganze verbreitete sich – auch dank eines kleinen Zeitungs-
artikels – wie ein Lauffeuer. Niemand wollte mit uns mehr etwas zu
tun haben. Am schlimmsten waren die Lästereien, die auch von Schul-
seiten zu mir durchdrangen. Da hieß es dann: »Kein Wunder, warum

die immer so aufreizend rumläuft, der alte geile Bock hat die bestimmt krank sexualisiert und ständig hart rangenommen.« Nichts davon war wahr, aber Jugendliche können eben extrem fies sein. Ich weiß, es läge nahe und wäre als Erklärung wunderbar plausibel, aber es hat in meinem Fall einfach nichts miteinander zu tun. Mein sexy Look und die Vorliebe, damit zu provozieren, hätten sich exakt genauso entwickelt, wenn ich einen normalen Vater gehabt hätte.

Wir mussten sofort weg dort. Ich erinnere mich, dass meine Mutter alle unsere Sachen in gelbe Säcke schmiss. Bella, die wunderbare Freundin meines Bruders Radek, die in Leipzig wohnte, bot uns an, dass wir erst mal bei ihr unterkommen könnten. Es war für mich ein unfassbarer Einschnitt. Nicht genug, dass die ganze Sache an sich schon ein einziger, riesiger Upfuck war, jetzt musste ich auch noch alle meine geliebten Tiere zurücklassen. Nur meinen Chihuahua Candy durfte ich mitnehmen. Es riss mir das Herz raus, alle diese wunderbaren Geschöpfe zu verlieren. Passenderweise hatte sich mein Vater, kurz bevor er verhaftet wurde, ein Schwein angeschafft. Als ich zum letzten Mal auf der Koppel stand, um meinen Ponys Lebewohl zu sagen, suhlte es sich gerade genüsslich im Schlamm. Ach, du dreckiges Ding, dachte ich, was soll man dir eigentlich vorwerfen?! Das größte Schwein auf diesem Grundstück bist ja gar nicht du, sondern er. Dann stopften wir die restlichen Säcke in Bellas minikleines Auto und fuhren in ein neues Leben.

LEIDEN IN LEIPZIG

Der Anfang in Leipzig war schwer. Meine Mutter strauchelte finanziell und ich mit meiner neuen Schule. Das Gymnasium, das mir nach kurzer Zeit zugewiesen wurde, war mit meinem Style komplett überfordert. Von Tag eins an wurde ich ausgelacht und gemobbt. Ich hatte alle meine Freundinnen wegen meines Vaters und der Entfernung verloren und hier in Leipzig hatte niemand Bock auf die Bitch im Minirock. Meiner Mutter ging es ähnlich, auch sie hatte alle sozialen Kontakte verloren, einfach jeder hatte sich von uns abgewandt. Um es auf den Punkt zu bringen: Es war in der neuen Schule scheiße, es war privat scheiße, es war alles scheiße! Nur Bella, die war toll und ließ uns ein halbes Jahr lang bei sich wohnen – und das, obwohl ihre Einzimmerbude nur knapp 40 Quadratmeter groß war. Sie kümmerte sich liebevoll um uns und schlief wegen uns die ganze Zeit auf der Couch. Man darf nicht vergessen, wie schlimm das Ganze auch für meine Mutter gewesen sein muss. Wie fühlt sich eine Ehefrau, deren Mann so etwas tut? Meiner Mama hat das zumindest so sehr zugesetzt, dass sie bis heute nie wieder einen Freund hatte. Wenn ich ehrlich bin, hasst sie Männer seitdem und will ganz bewusst keinen Typen mehr in ihr Leben lassen. Wenn ein Kerl nur ansatzweise versucht, mit ihr zu flirten, haut sie sofort ab. Für sie ist das Thema Männer einfach gegessen.

Einmal sagte sie, dass sie ja auch gar keinen Partner brauche, denn all ihre Liebe möchte sie eh nur mir schenken. Das fand ich ultrasweet, denn so empfinde ich auch oft. Sie ist ein Anker und andersherum. Meine Mum und ich. Wir beide geben uns all die Liebe, die wir haben, und das ist schön so. Zu sehen, wie stolz ich sie mache, bringt mein Herz jedes Mal zum Hüpfen. So schlimm es am Ende mit meinem Vater auch war, desto harmonischer ist es jetzt bei uns in der Familie. Denn auch zu meinen großen Brüdern habe ich eine tolle Bindung. Tomaš und Radek haben mich immer unterstützt und passen auch heute noch auf mich auf, was mich sehr glücklich macht.

Ich habe meinen Vater übrigens tatsächlich nie wieder gesehen. Einige Jahre später, als er aus dem Knast raus war, suchte er uns in Leipzig überraschend auf. Als es an der Tür klingelte, war ich jedoch gerade im Badezimmer. Ich hörte, wie er meine Mutter anflehte, dass er mich doch bitte ganz kurz sehen und mit mir reden möchte. Sie ließ das aber nicht zu, was ich verstand. Ich glaube, das hätte mich wieder komplett aus der Bahn geworfen. Erst vor Kurzem ist mir klar geworden, wie sehr mich dieser Teil meiner Vergangenheit in meinem Verhalten immer noch beeinflusst. Womit wir wieder bei den Verdrängungen wären. Das mit der Trauer um meine zwei verstorbenen Brüder habe ich hinbekommen, aber die Sache mit meinem Vater sitzt immer noch tief. Immerhin habe ich nun den Mut, öffentlich darüber zu reden. Ich schäme mich zwar immer noch für das, was er getan hat, für die Sache an sich, aber nicht mehr dafür, dass das mir passiert ist. Manchmal denke ich tatsächlich darüber nach, zu ihm zu fahren, um mit ihm über alles zu reden und zu schauen, ob er sich verändert hat. Es liegen noch so viele unbeantwortete Fragen auf meiner Seele. Vor allen Dingen die, ob er inzwischen realisiert, was er da eigentlich getan hat. Er ruinierte das komplette Leben dieser Kinder, er nahm mir die Freundinnen und meine unbeschwerte Kindheit und er brach die Seele meiner Mutter. Wie würde er wohl reagieren, wenn ich ihm erzähle, dass ich seinetwegen zehn Jahre lang ein falsches Selbstbild hatte? Als Frau bist du nur etwas wert, wenn du sexuell verfügbar bist. Das dachte ich lange, und zwar weil er es mir unterbewusst beibrachte. »Komm, wir fahren gemeinsam zu ihm und ziehen das mit dir durch!«, sagen meine heutigen Freundinnen immer, wenn ich mal wieder mit meinem Inneren kämpfe. Aber ich könnte das meiner Mutter nie antun, zumal ich letztens über meine Cousine erfuhr, dass mein Vater mittlerweile derart wirr ist, dass er keinen normalen Satz mehr geradeaus sprechen kann. Der Alk ist wohl immer noch sein bester Freund.

Ich bin mir sicher, dass seine Zeit als »Kinderschänder« im Knast alles andere als angenehm war. Zu wissen, dass man junge Mädchen für immer traumatisiert hat, dass man alkoholabhängig ist und seine komplette Familie verloren hat, muss hart sein. Dazu der tägliche Gefängnisduschgang mit einer Seife, die gerne auf den Boden fällt. Da ist man einfach kein Mensch mehr, sondern für immer aus der sozialen Gesellschaft ausgeschlossen. Aber so sind sie, die Konsequenzen der eigenen Entscheidungen. Man muss lernen, mit ihnen zu leben, besonders dann, wenn man sie so falsch getroffen hat. Niemand wird einem diese Sünden abnehmen. Auch ich nicht. Amen.

4. Gebot

HATERS GONNA HATE!
EINE BITCH SCHÄMT SICH
FÜR NICHTS!

Wie ich den Hass bekämpfte,
innerlich fiel, doch wieder aufstand

Der Hate begann in Leipzig. Nachdem meine Mutter mit mir über Nacht alle Zelte im Dorf abbrechen musste, standen wir, wie schon erwähnt, vor einem kompletten Neuanfang. Ich hatte keinen Vater mehr, keine Freunde, keine Schule und auch eine eigene Wohnung war für uns lange nicht zu finden. Erst ein halbes Jahr nach unserer Ankunft in Leipzig bezogen wir in Möckern unsere erste gemeinsame »Mutter-Tochter-Bude«. Möckern liegt im Nordwesten von Leipzig und wird von der Weißen Elster durchkreuzt. Diese Elster ist kein Vogel, sondern ein Fluss, was auch ich dann irgendwann mal checkte. Die Fassade unseres Hauses war scheußlich und komplett heruntergekommen, aber wir machten aus unserem kleinen Zwei-Zimmer-

Dachgeschossnest trotzdem eine kuschelige Wohlfühloase. Für ganz kleines Geld besorgten wir uns über eBay Kleinanzeigen eine curry-farbene Couch und bei IKEA zwei von den klassischen Billigbetten, dazu ein wenig Dekokram. Natürlich war das nichts Geiles, aber es war gemütlich. Meine Mutter musste finanziell erst mal wieder auf die Beine kommen. Ihr war bewusst, dass sie nach 13 Jahren Hausfrauen-dasein nun allein für uns sorgen musste. Unter keinen Umständen aber wollte sie wie damals in Tschechien irgendetwas Illegales ab-ziehen. Sie wollte ihr Geld nur noch ehrlich verdienen. Sie entschloss sich deshalb, putzen zu gehen, was eine goldrichtige Entscheidung war, denn schon der erste Haushalt, bei dem sie anfing, entpuppte sich als Volltreffer, was die Menschlichkeit anging. Die wohlhabenden Besitzer waren extrem freundlich und feierten meine Mama dafür, dass sie so toll kochte, sauber machte und vor allen Dingen nieman-den nervig volllaberte. Nach einer Weile war da so viel Vertrauen, dass diese Familie uns auch immer mal wieder mit Geschenken aushalf, zum Beispiel wenn mein Handy kaputtging. Diese Leute merkten, dass wir jeden Monat am Existenzminimum kratzten und oft nicht genug Geld hatten, um den Kühlschrank zu füllen, geschweige denn jemals in den Urlaub zu fahren. Meine Mutter hatte Freude an dem Putzjob, nur ich schämte mich in meinem unreifen Teenagerdasein dafür, dass sie putzen ging, und erzählte allen, dass sie als freie Foto-grafin arbeiten würde. Wäre ich heute noch in der Schule, wäre mir das scheißegal, ich würde komplett dazu stehen. Warum auch nicht? Putzen zu gehen oder eben Haushälterin zu sein, ist ein ehrenwerter Job, an dem einem nichts peinlich sein sollte. Allen da draußen, die dazu eine andere Meinung haben, kann ich nur sagen: Fickt euch! Schade, dass ich damals noch so unreif im Hirn war. Ich schämte mich und war mir sicher, dass die Leute deswegen dächten, wir wären Abschaum.

Von heute auf morgen als kleines Dorfpüppchen in eine Stadt und in eine neue Schule zu kommen, ist anstrengend, besonders wenn man 13 Jahre alt ist. Schnell merkte ich, dass die Leute in der Stadt ganz anders unterwegs waren, dass der Ton viel härter war. Auf dem Dorf waren wir froh, in Kuhfladen herumzuwühlen – fertig war das Kinderglück. Dort hat es eigentlich niemanden gejuckt, wie ich rumlief. Natürlich haben die Leute im Dorf auch schon doof geguckt, wenn ich da als Zehnjährige im Minirock umherstolzierte, aber niemand hat offensichtlich gelästert oder sich wirklich daran gestört. In Leipzig aber merkte ich schnell, dass es nur darum ging, wie man aussieht, wie man redet und wie cool man ist. Und so wie ich aussah, fand das keiner cool, sondern es fanden alle nur billig. Ich konnte das gar nicht nachvollziehen, weil ich diesem Style schon immer verfallen war. Bereits als kleines Mädchen stand ich auf viel Schminke und wenig Klamotten. Normale Barbies kamen mir vor wie Ökopuppen aus der Waldorfschule, zum Glück hatte Mattel damals eine krank übertriebene Barbie-Serie herausgebracht, die mich dann aber sehr beglückte. Alle Dolls hatten extraviel Make-up, XXL-Haare und extrem krasse Outfits. That was my shit! Ich mochte schon immer das sexy Übertriebene und diese Barbies inspirierten mich massiv. Irgendwann fing ich dann selbst an, mich so anzuziehen, was mir meine Mutter selbstredend sofort untersagte. Undercover zog ich den Style aber trotzdem weiter durch: Brav verließ ich morgens in Pulli und Hose das Haus, um mir dann im Schulklo fix die im Rucksack mitgeschmuggelten Hotpants über die kleinen Arschbacken zu ziehen. Vom bauchfreien Top unter dem Pulli mal ganz zu schweigen. Ich liebte es! Ich liebte den Look und vor allen Dingen das Provozierende daran. Es war übrigens nicht immer alles kitschig oder rosa, was ich trug. Es war einfach nur immer auffällig freizügig. Egal welche Farbe, egal welches Design – solange es knapp war, war es cool für mich. Zu heute hat sich also nichts geändert.

Ich erinnere mich noch genau an den ersten Schultag in meinem neuen Leipziger Gymnasium. Ich trug ein bauchfreies Puma-Oberteil vom Flohmarkt, dazu eine hellblaue Hüftjeans. Meine Mutter verdrehte mal wieder die Augen, als sie mich sah. Natürlich fand sie diesen Look alles andere als passend für die Schule, aber sie wusste mittlerweile, dass ich mir da unter keinen Umständen reinreden ließ. Ich zitterte am ganzen Leib, als ich am Schulgebäude ankam. Hilfe, ich hatte so dermaßen keinen Bock, aber es blieb mir ja nichts anderes übrig. Verloren stand ich in meinem neuen Klassenzimmer und schaute in die Augen meiner Mitschüler. Auf jeder Stirn stand: »Oh Gott, 'ne Kuhdorf-Barbie, wie peinlich!« Niemand redete mit mir. Doch dann erbarmte sich doch noch eines der Mädels. »Wenn du willst, führ ich dich rum und zeig dir alles«, ermutigte sie mich liebevoll. Sie hieß Lea und war ungefähr doppelt so groß wie ich. Wie Giraffe und Erdmännchen wackelten wir also fortan übers Schulgelände. In der ersten Zeit war ich ausschließlich mit ihr unterwegs, da wirklich niemand anderes mit mir abhängen wollte. Ich merkte allerdings schnell, dass Lea die gemobbte Außenseiterin der Klasse war, die nun hoffte, mit mir endlich eine andere Lachnummer an ihrer Seite zu haben. Sie war die nette Loserin, zu der ich aber auf keinen Fall dazugehören wollte. Also begann ich, mich langsam von ihr zu distanzieren, was rückblickend mein allergrößter Fehler war. Wie konnte ich einer ehrlichen, netten Person den Rücken kehren, nur um mich bei den dummen Arschlöchern anzubiedern? Ich war wie besessen von dem Wunsch, beliebt zu sein. Ich wollte unbedingt zu den Coolen dazugehören, aber natürlich nur, ohne mich äußerlich verändern zu müssen. Irgendetwas in mir zwang mich förmlich dazu, es schaffen zu wollen. Die Raucherecke schien mir der klügste Weg, um mich in den Pausen bei »den Coolen« einzuschleimen. Problem war nur, ich war Nichtraucherin und hatte absolut keinen Plan, wie sehr ein Tabakflash reinhaut. Der Geschmack war widerlich und während meines fünfminütigen Hustenanfalls hätte ich mich fast übergeben. Peinlich. Ich wusste ja, dass ich übelst zierlich bin und auf alles zigmal schlimmer reagiere, als es normal ist, aber dass es so krass sein würde, hatte ich nicht auf dem Schirm. Also rauchte ich deshalb erst mal auf »Backe«, was allerdings noch viel peinlicher war, da man sich deswegen erst recht über mich lustig machte. Ich wollte kein Vollhorst sein, also begann ich von da an, richtig auf Lunge zu rauchen. Was mich natürlich rückblickend erst recht zum Vollhorst machte, denn bis heute bin ich krass zigarettensüchtig. Ein Schächtelchen pro Tag zieh ich problemlos weg. Also, mit dem Rauchen sollte man gar nicht erst anfangen; man beginnt unfassbar schnell, die Fluppen zu lieben.

Meine Versuche dazuzugehören gingen also erst mal komplett schief. Mein ständiges In-der-Raucherecke-Stehen führte sogar dazu, dass das Mobbing erst recht losging. Ungünstigerweise hatte ich zu der Zeit bei Schüler-VZ bereits viele freizügige Fotos online. Nie ganz nackt, aber gerne im Stringtanga und lasziv mit Lolli im Mund. Darüber hinaus hatte ich meinem Schüler-VZ-Profil den Namen »pOrNoMaUs« gegeben. Ich fand das damals unfassbar hip, besonders die Schreibweise. Der Name war quasi das perverse Sahnehäubchen auf dem eh schon so freizügigen Törtchen. Für eine 13-Jährige war das zumindest alles recht grenzwertig. Je billiger die Bilder rüberkamen, desto schöner fand ich sie. Ich würde übrigens alles dafür geben, mir heute diese Fotos noch einmal reinziehen zu können, doch leider ist das Portal schon lange down. Leider keine Chance, da ranzukommen.

Aber zurück zum Schulhof: Als Neue wird man natürlich auch in den Netzwerken sofort ab- und durchgecheckt, besonders von den anderen Mädels. Da hieß es dann lautstark und vor allen anderen, warum ich kleine Pornomaus mich eigentlich immer so billig anziehen würde, wieso ich solche perversen Bilder online stelle und weshalb ich mich ständig so übertrieben schminke. Weil ich es schön finde und mich so wohlfühle, war dann stets meine Antwort. Eine Einstellung, die niemand nachvollziehen noch akzeptieren konnte. Das Lästern nahm seinen Lauf und trotzdem stand ich weiterhin brav in meiner Raucherecke und versuchte, Freunde zu finden. Das klappte nach einiger Zeit auch ein wenig – dachte ich zumindest. Dann passierte die Geschichte am See. Ich wurde brutal ins Wasser geschmissen und komplett bloßgestellt. Alle diese Mädels waren falsche Fuffziger, doch ich kam nicht los von diesen Hassfreundschaften. Ich wollte einfach, dass sie mich so akzeptierten, wie ich war. Ja, ich war anders, aber eben real. Nach der Seestory machten auch die älteren Schüler mich fertig. Jedes Mal wenn ich den Schulgang entlanglief, rief mir jemand hinterher. »Schlampe!«, »Bitch!«, »Pornomaus!« oder gerne auch mal: »Billiges Flittchen ohne Möpse!« Ich tat dann immer so, als ob ich es nicht höre. Vor allen Dingen tat ich so, als ob es mich in keiner Weise tangieren würde. Aber natürlich hat es mich sehr verletzt. Stundenlang lag ich zu Hause im Bett und weinte, weil ich so enttäuscht davon war, dass Menschen mich derart scheiße behandelten, nur weil ich mich nicht ihnen zuliebe anpasste. Je schlimmer das Mobbing wurde, desto freizügiger wurden meine Fotos und Outfits. Der Hass mir gegenüber tat weh, aber er motivierte mich auch. Jetzt erst recht, dachte ich und bekam sofort die Quittung. Denn einige Jungs in der Schule und auch in der Stadt fingen an, mich sexy zu finden, woraufhin die Weiber komplett ausrasteten. Von da an wurde ich gänzlich ausgegrenzt. Es gab Phasen, in denen sich alle absprachen, mich zu ignorieren. Das war unfassbar anstrengend, zumal ich es mir ja auch mit Loser-Lea verscherzt hatte. Nicht mal für Schulprojekte fand ich einen Partner. Einfach niemand wollte mit mir etwas zu tun haben. Als es ein Schülerfest gab, auf dem jeder etwas aufführte, wurde ich in einem Sketch komplett verarscht. Ein paar meiner »netten Freunde« imitierten mich auf der Bühne vor allen anderen Schülern und Eltern. Der ganze Saal grölte, während ich am liebsten im Erdboden versunken wäre. Hinzu kam, dass die Lehrer es danach auch auf mich abgesehen hatten – selbstverständlich unter dem Deckmantel, dass man mir doch nur helfen möchte. Man lud meine Mutter und mich zu einem klärenden Gespräch. »Siehst du nicht, dass dich hier jeder auslacht, dass alle dich für dumm verkaufen? So wie du rumläufst, wirst du nie etwas erreichen, und wenn du dich weiter in den sozialen Medien so billig präsentierst, wird dich auch nie jemand wirklich mögen!«, versicherte mir die angeblich so fürsorgliche Lehrerin eiskalt. Dabei wedelte sie mit einem Aufsatz in der Hand vor meiner Nase herum und lächelte fies. »Das, was hier drinsteht, Fräulein, sind Tagträume!«, versicherte sie mir. Es war ein Aufsatz, den wir als Hausaufgabe bekommen hatten. Es ging darum aufzuschreiben, was wir später einmal werden und erreichen möchten. Ich schrieb, dass ich noch nicht wüsste, womit, aber dass ich nur einen einzigen Wunsch hätte und mir zu 100 Prozent sicher wäre, dass ich mir diesen auch erfüllen würde: Berühmt, erfolgreich und reich werden! Ich glaubte nämlich schon damals ganz fest daran, und das ließ ich Frau Lehrerin dann auch wissen. »Das sind keine Tagträume! Das ist ein Wunsch, an dem ich arbeiten und den ich mir selbst erfüllen werde!«, antwortete ich und verließ wütend das Lehrerzimmer.

HIGH WEIL DOWN

Belächelt und gemobbt zu werden, setzte mir nach ein, zwei Jahren so zu, dass ich begann, in der Schule immer häufiger zu fehlen, was sich daraufhin in meinen Noten widerspiegelte. Ich weinte mir zu Hause die Augen aus dem Schädel, so lange, bis meine Mutter mit mir zum Arzt ging und mich wochenlang krankschreiben ließ. Ich wollte einfach nicht mehr in diese Schule gehen, es war die Hölle. Aus Frust fing ich an zu kiffen, um mental wieder auf eine gechillte Basis zu kommen, was auch relativ gut klappte. Am Anfang rauchte ich das Zeug nur am Wochenende. Das Weed entspannte mich extrem und es ermöglichte mir sogar das Kennenlernen neuer Leute. Die Kifferclique hängt in Leipzig nämlich immer an ganz bestimmten Plätzen ab und fortan ging ich eben auch dahin. Klar waren da auch Bitches aus meinem Gymnasium, aber eben auch viele von anderen Schulen. Coole Leute, denen ich imponierte, je mehr ich rauchte. Das Traurige war, dass es bei Kiffern so ist, dass du erst richtig cool bist, wenn du krass viel kiffst. Und das tat ich künftig, weil ich merkte, dass es funktionierte. Erstmals wurde ich nicht gemobbt, trotz meiner billigen Art. Ich merkte nicht, wie schnell sich mein Konsum steigerte, denn nun rauchte ich auch Bong und Joints ohne Tabak. Mehrmals täglich. Meine Mutter, die nie in ihrem Leben geraucht oder gekifft hatte, bekam davon nichts mit, obwohl ich schon morgens in meinem Zimmer damit anfing. Sie checkte es einfach nicht, weil ich stets ein Handtuch vor den Türspalt schob und am offenen Fenster hockte. Völlig knülle knipste ich mich dann immer mit dem Selbstauslöser in Dessous und sexy Posen und bearbeitete die Bilder im Anschluss mit einer schrägen Effekte-App. Ich brauche nicht zu erwähnen, dass jedes dieser Bilder direkt auf meinem Facebook-Profil landete. Dort hieß ich immerhin nicht »pOrNoMaUs«, sondern nannte mich Katja Krasavice. Natürlich wollte ich mich ursprünglich auch bei Facebook »pOrNoMaUs« nennen, aber das ließen deren Richtlinien nicht zu, was mich anfangs sehr ärgerte. Keine Ahnung, was mich da ritt, völlig Banane. Nicht auszumalen, wie peinlich es wäre, wenn ich heute unter dem Künstlernamen »pOrNoMaUs« auf Tour gehen würde.

Immer häufiger hing ich auch im Festpark Leipzig ab, der direkt neben der Arena liegt. Man sitzt dort extrem schön am Elsterbecken und schaut aufs Wasser. Chillen, rauchen, kiffen, saufen. So lief da das übliche Programm. Ich liebte es, da abzuhängen, auch weil ich merkte, dass ich dort gut mit Jungs anbandeln konnte, die mich geil fanden. Es war an einem Wochenende, als ich mal wieder im Park saß. Ich saß auf einer Bank, hörte Mucke und knarzte eine fette Tüte. Dieses grasbasierte, chakramäßige Karmastretching resettete wirklich mein Hirn, ich fühlte mich sauwohl. Neben mir chillten ein paar Kifferfreunde und mein geliebter Kumpel Max. Der war schwul, grazil und noch mehr Tussi als ich. Ihn mochte ich gern – nicht nur weil er so hieß wie mein verstorbener Bruder, sondern auch weil er ebenfalls anders war und mich so akzeptierte, wie ich war. Bis heute sind wir gute Freunde. Glitzer-Bitch und Glitzer-Bitch sozusagen. Während wir dort saßen und uns wegballerten, näherte sich ein aggressives Mannweib im Armeeschritt. Ich wunderte mich kurz, wieso die Alte so straight auf mich zumarschierte, da stand sie auch schon vor mir. Ihre Augen funkelten wie bei einem ausgehungerten Dobermann. Zähnefletschend zischte sie, ob ich Katja wäre, was ich bejahte. Ehe ich michs versah, hatte ich den gesamten Inhalt ihrer Colaflasche in der Fresse. »Du kleine Fotze!«, fauchte sie und riss mich von der Bank. Als ich auf dem Boden lag, ging es los: Wie im Wahn trat sie immer wieder auf mich ein, ich krümmte mich vor Schmerzen. Dann beugte sie sich herunter, spuckte mir ins Gesicht und fing an, mir das Heiligtum meines Hauptes herauszureißen: die Extensions! Schlimmer hätte es wahrlich nicht kommen können. Meine angeblichen Freunde, die das mitbekamen, schienen die Aggrobrosche zu kennen, denn sie hüpften mittlerweile belustigt um mich herum und filmten mit ihren Handys, während sie riefen: »Leg dich nicht mit Jacky an!« Nur Max stand zitternd da und traute sich nicht einzuschreiten, was gut war, weil der Arme sonst auch verprügelt worden wäre. Niemand aus der Kiffergang half mir, im Gegenteil – und das, obwohl ich doch ständig mit ihnen abhing. Ich konnte es nicht fassen. Es vermöbelt mich eine mir völlig unbekannte Irre und alle stehen da und gaffen belustigt. Erbärmlich, so was, und zutiefst verletzend. »WARUM nennen sich diese Leute Freunde, obwohl sie in Wahrheit nur herzlose Arschlöcher sind?!«, fragte ich mich wimmernd. Als das Monster endlich von mir abließ, erteilte sie mir noch einen freundlichen Ratschlag: Ich Hure möge doch in Zukunft meine billigen Griffel von ihren Kerlen lassen. Dann verpisste sie sich. Wie ein gerupftes Huhn hockte ich heulend auf dem Boden und verstand die Welt nicht mehr. Zum Glück waren keine Rippen gebrochen.

Wie ich im Nachhinein herausfand, war diese Jacky die stadtbekannte Matratze Leipzigs. Jacky fickte mit jedem. Also eigentlich tat sie das Gleiche, was ich tat, nur eben aus einem anderen Grund. Ich tat es, um Spaß zu haben, sie tat es, um Drogen zu bekommen. Diese druffe Denkamöbe ging mit Rappern steil, mit Leuten von der Straße, einfach mit allen, sprich auch mit Jungs, die ich ritt und die wohl danach von mir erzählten. Nachdem sie mich dann online ausspioniert hatte, kollabierte ihr Einzellerhirn. Sie sah mich als Schlampenkonkurrenz und hatte einfach keinen Bock, dass die Typen mich geil fanden. Exakt aus diesem Grund bekam ich von ihr aufs Maul. Weil ich mich halb nackt anzog, weil ich gestylt war, weil ich auffiel. Wäre ich ein normales Mädchen gewesen, hätte sie mich nicht mal bemerkt. Natürlich zeigte ich sie bei den Bullen an, woraufhin ich erfuhr, dass sie auch andere Mädels vermöbelt hatte. Das Ganze endete in einem großen Sammelprozess, in welchem alle Opfer gemeinsam aussagten. Jacky war wohl Crystal-Meth-abhängig und dadurch so extrem aggressiv. Bevor sie loszog, um auszuteilen, zog sie sich das Zeug rein. Ein Mensch auf Crystal ist übelst angeschaltet, er spürt keine Schmerzen und ist bereit, alles und jeden totzuboxen. Ein Crystal-Meth-Junkie ist zwar mental komplett verkümmert, aber körperlich stundenlang voll am Start. Eine Person, die »drauf« ist, kann man nicht zusammenschlagen, sie stände immer wieder auf. Herrgott, bin ich froh, mir diesen Scheiß niemals reingepfiffen zu haben. Jacky wurde am Ende des Prozesses wegen Körperverletzung verurteilt. Im Strafmaß allerdings relativ milde, da sie noch keine 18 war.

WIE DIE VOGEL AUS DER SCHULE FLOG

Breit wie ein Parkhaus hing ich mittlerweile auch öfter in der Schule ab. Ohne Dope waren die arschigen Affen dort einfach nicht zu ertragen. Als mir eines Tages erneut ein Lehrer – ich nenne ihn mal Herr Klemmprüde – hart auf den Kranz ging, dass ich mich doch bitte weniger nuttig anziehen solle, brannten bei mir die Sicherungen durch. Da half auch das gechillteste Gras nichts, ich hatte Hass. Um den verklemmten Klemmprüde zu ärgern, quetschte ich mir mit drei Paar Socken und einem Push-up-BH die Glocken unters Kinn und machte ein Selfie ohne Schädel, dafür aber mit Zoom auf den Ausschnitt. Danach lud ich das Pic als Facebook-Titelbild hoch und schrieb sinngemäß darunter, dass Herr Klemmprüde mal den Stock aus dem Arsch nehmen und zugeben solle, dass er das hier auch geil finde. Nun ja, fand er natürlich nicht. Auch die Aktion nicht. Um ehrlich zu sein, überkreuzten sich bei ihm alle Drähte. Der Gute drehte komplett frei und bestellte mich und meine Mutter ins Direktorenzimmer. Ich spürte, dass das hässlich werden könnte, und nahm sicherheitshalber meine Brüder mit. Man weiß ja nie. Dann gab's eine Standpauke aus dem siebten Kreis der Vorhölle. Gut, das mit dem Bild konnte ich verstehen, das war von mir hart provoziert und in der Tat nicht sonderlich

nett. Das Schlimme allerdings war, dass Herr Klemmprüde auf einmal anfing, ALLE meine Fotos aus den sozialen Netzwerken in aus-
gedruckter Form auf den Tisch zu knallen. Quasi als Sammelbeweis,
was ich für ein schlimmes Flittchen wäre. War ich ja auch, aber fuck it.
Als meine Brüder daraufhin meinten, ob er mich etwa stalken würde,
ruderte er wild zurück. Nein, nein, um Gottes willen, das wäre ihm
alles zugespielt worden, aber das Ganze hier würde so nicht weitergehen. Am Ende stellte er mich vor die Wahl: Entweder zöge ich mich
in Zukunft anständig an und lüde keinerlei sexy Bilder mehr hoch
oder ich müsse die Schule verlassen. Nicht eine Sekunde lang dachte
ich daran, mich anzupassen. Never ever. Ich blieb, wie ich war, und
flog noch in der gleichen Woche von der Schule. Die Damen und
Herren dort hatten also nach knapp drei Jahren Barbie-Bitch-Terror
wieder ihren prüden Seelenfrieden.

»REAL« IN DER REALSCHULE

Blöderweise kickte mich der olle Klemmprüde während des Halbjahres,
was dazu führte, dass ich so schnell keine akzeptable Ersatzschule fand.
Alle Gymnasien, bei denen meine Mutter anfragte, waren bereits voll
oder abgeturnt von meinen grottigen Noten. Das Dauerkiffen machte
mich nämlich verdammt faul, was das Lernen anging. Am Ende blieb
mir nur der Gang zur schlimmsten Bildungseinrichtung Leipzigs, der
Petrischule! Ahoi, ihr Assis, dachte ich schon beim ersten Betreten des
Gebäudes. Diese Realschule war nämlich dafür bekannt, die Dümms-
ten der Dummen zu vereinen, und das sollte sich bestätigen. Wohin
das Auge reichte: No-Brainer. Selbstverständlich hatte sich bereits vor
meinem Antreten herumgesprochen, dass mein nymphomanisches
Pfläumchen bald Teil der Schulgemeinde sein würde, denn in Leipzig

kannte man mich mittlerweile wie eine bunte Bitch. Was einen Grund hatte: Neben meinem florierend-provozierenden »pOrNoMaUs«-Profil hatte ich nämlich eine neue Leidenschaft entdeckt: den Hip-Hop. Musik schaffte es schon immer, mich in Krisen zu motivieren, und so kam es, dass mir ständig tausend Lyrics in der Rübe herumschwirrten. Eines Tages kam mir die Idee, ein sexy Video-Cover von »Look At Me Now« von Chris Brown ft. Lil Wayne und Busta Rhymes in meinem Jugendzimmer zu produzieren. Zwei Tage lang hämmerte ich mir den Text ins Hirn, was ambitioniert war, da der Song »Doubletime« ist, sprich verdammt schnell. Umso mehr feierte ich mich selbst, dass das so flutschte mit dem Auswendiglernen. Dann donnerte ich mich übelst lolitamäßig auf, schnappte mir mein Handy und filmte los. Ich liebte es sofort: Mich »rappend« ein bisschen billig-bitchig räkeln, das war genau mein Ding! Anschließend lud ich das Video auf YouTube hoch, ohne einen eigenen Kanal zu besitzen. Halleluja! Was dann abging, war krank! 5000 Klicks, 10 000 Klicks, 20 000 Klicks, 30 000 Klicks, 40 000 Klicks … es hörte nicht auf. Die Leute teilten das Ding auf Facebook ohne Ende, und so war ich irgendwann bei über 100 000 Klicks und eben stadtbekannt. Die neidischen Pissnelken aus meiner alten Schule kotzten im Strahl und hateten, was das Zeug hielt. Blöderweise löschte YouTube das Video kurze Zeit später wegen Verletzung der GEMA-Musikrechte.

Mein Ruf an der neuen Schule war also bereits berühmt-berüchtigt, was mich aber nicht mehr sonderlich störte. Das Gras hatte mich dermaßen abgestumpft, dass mir eh alles scheißegal war. Witzigerweise wurden meine Noten von heute auf morgen wieder bombastisch, was daran lag, dass das Lernniveau an dieser Schule bei der geistigen Entwicklung einer Laborratte lag. Es war so chillig, dass ich es zuerst gar nicht glauben konnte, ohne jegliches Lernen Topklausuren abzuliefern.

Leider beflügelte mich das, noch mehr auf cool zu machen und schon während des Unterrichts meine Joints zu bauen. Lehrbuch hochkant aufgestellt, dahinter eine Tüte gerollt, fertig war der Pausensnack. Das machte mächtig Eindruck und die Ersten begannen, mich als Badass Bitch zu sehen. Das Zeug hat man damals übrigens überall und jederzeit bekommen. Leider geriet ich durch das ständige Abhängen an den Drogenplätzen irgendwann in ekelhafte Kreise. Ich weiß, wie ich einmal in Schkeuditz war, weil ich einen Grasdealer kennenlernte, der dort wohnte. Schkeuditz liegt auf halber Strecke zwischen Leipzig und Halle und beherbergt besonders viele Druffis. Da ich den Typen ganz chillig fand, hing ich noch etwas mit seinen Freunden bei ihm zu Hause ab und kiffte. Als damals 16-Jährige checkte ich nicht direkt, dass das alles krasse Meth-Junkies waren. Wie Jesse in *Breaking Bad* saß ich da, in einer ekelhaft zugequalmten Drogenhöhle, umkreist von widerlichen Opfern, die mir nun halbstündlich das toxische Zeug unter die Nase hielten und versuchten, mich zum Konsum zu überreden. »Das knallt fett, nimm mal, Kleene«, hörte ich sie immer und immer wieder flüstern. Danke, Herr im Himmel, dass ich standhaft blieb. Diese Droge ist der Teufel. Meth-Opfer reden nonstop Müll, sind sich dessen aber auch bewusst und genießen ihren verbalen Durchfall. Da wird täglich bis sechs Uhr morgens abgehangen und gelabert, gelabert und gelabert. Bis heute kenne ich Leute, die das nehmen. Das ist krank und diese Personen tun mir aufrichtig leid. Für mich sind das Lappen, auch wenn sie zum Freundeskreis gehören. Ich sage ihnen häufig knallhart ins Gesicht, dass sie übelste Opfer sind. Aber es ist wohl verdammt schwer, da wieder rauszukommen. Alles in ihrem Leben dreht sich ausschließlich um die Droge. Armselig ist das.

Glücklicherweise war das schon damals nicht meine Welt. Alles, was ich zu der Zeit wollte, war kiffen, mich vollfressen und chillen – bis zu jenem Tag, an dem sich alles ändern sollte. Ich hatte mir heftiges Gras besorgt, irgendeine Sorte mit wohl 25 Prozent THC-Gehalt. Leute, das Zeug knallte, und zwar mich in eine andere Galaxie. Ich saß zu Hause und kam gar nicht mehr klar. Panisch japste ich nach Luft, kalter Schweiß lief mir die Stirn herunter, mein Kreislauf kollabierte, ich musste mich übergeben. Lächelnd stand er da, der Tod mit seiner Scheißsense, während ich mir die Kotze vom Mund wischte und weiter nach Luft rang. Meine Lunge war blockiert, fuck, exakt jetzt würde ich sterben, da war ich mir sicher. Dann gesellte sich auch noch Verfolgungswahn dazu. Ich lag mittlerweile auf dem Boden und versuchte, die Panikattacke in den Griff zu kriegen. Die Bullen werden kommen und dich hochnehmen, hämmerte es in Dauerschleife durch meine Rübe. Schlagartig dachte ich an meine Mama, die nebenan seelenruhig schlief. Scheiße! Scheiße! Scheiße! Was hatte ich getan? Wenn ich jetzt abkratzte, würde ich ihr das Gleiche antun wie Otto damals. Ich schämte mich in Grund und Boden. Wie ein Häufchen Elend lag ich da, breit und bereit für die Fahrt in die ewige Hölle. Lieber Gott, erlöse mich! Er tat es, zum Glück nur in Form von Schlaf. Als ich am nächsten Morgen aufstand, schwor ich mir, den Shit nie wieder anzurühren. Dieses Versprechen an mich selbst habe bis heute gehalten. Ich bin die Sorte Mensch und wenn ich einmal etwas Schlimmes mit einer Sache verbinde, bekomme ich derart Panik, dass ich jeglichen Kontakt damit für immer vermeide. Wenn ich heute zurückdenke, wird mir ganz anders bei dem Gedanken, dass meine Mutter mich als Baby aus dem Drogensumpf Tschechien herausholte, um mir eine erfolgversprechendere Zukunft zu bieten, und ich nichts Besseres zu tun hatte, als mich über Jahre hinweg wieder freiwillig in solche Kreise zu begeben. Haarscharf ging das gut. So süchtig ich auch war, ich hörte von heute auf morgen auf, was freundschaftlich gesehen extrem hart war, denn ohne »Highlife« verlor ich auch alle meine Kifferkumpels. Ich war also wieder bei null. Einsam, aber mit klarem Kopf und erhobenen Hauptes würde ich bald meinen Realschulabschluss machen. Dann würde ich endlich sagen können: Tschüss, Schulzeit, du Schlampe! Ich habe dich gehasst. Nicht wegen des Lernens, sondern wegen des Mobbings. Ich wollte mich unter keinen Umständen ändern oder anpassen, aber ich wollte geliebt werden. Die Sucht der Anerkennung trug mich in die Drogenabhängigkeit. Sie ließ mich straucheln, aber nicht fallen. Heute weiß ich, dass ich lieber ich selbst bin und dafür verurteilt werde, als beliebt und angepasst zu sein. Erst jetzt kann ich mein »Ichsein« wirklich genießen. Ich sehe Hate und Kritik mittlerweile als Ehre und Bestätigung dafür, dass ich kein Nullachtfünfzehn-Mensch bin. Denn ich bin mir sicher: Wer stark bleibt und die Liebe zu sich selbst findet, indem er sich innerlich so akzeptiert, wie er ist, wird auch irgendwann die Menschen da draußen überzeugen, im Denken flexibel zu sein. Leben und leben lassen, Bitches! Amen.

5. Gebot

BE REAL! BE FAME!
BE A BOSS BITCH!

Wie der Wille zum Erfolg mein Leben veränderte

eine YouTube-Karriere begann als 17-jährige Kampf-krähe, die ausflog, um ihren Hatern die Augen zu öffnen, statt sie ihnen auszuhacken. Ich war in den letzten Zuckungen meiner Schulzeit, als ich plötz-lich mit Dingen, die mir Spaß machten, einen Haufen Kohle verdiente.

Während mein bereits erwähntes Cover-Video von »Look At Me Now« via Facebook fame wurde, kontaktierte mich der Geschäftsführer einer großen Leipziger TV-Produktionsfirma. Bernd Schumacher war im Business als »der Miezenmacher« bekannt, da er Daniela Katzenberger entdeckt und groß gemacht machte. Auch heute noch produziert seine TV-Firma fast alle namhaften Dokusoaps in Deutschland. Ich ging noch zur Schule, als ich mich mit Bernd traf und er mir erzählte, dass er sich stets nach neuen geeigneten TV-Gesichtern umschauen würde und ich ihm in diesem Zuge aufgefallen sei. Ich fühlte mich geehrt, denn Bernd war ein netter und respektvoller Kerl, der mir in der darauffolgenden Stunde quasi eine kostenlose Businessberatung erteilte. »Hey, wenn du ein wenig älter bist und Bock hast, können wir gucken, ob du im Reality-TV zurechtkommst und wir ein passendes Format für dich finden«, bot er mir an und fügte hinzu, dass das mit Daniela Katzenberger nämlich auch sehr gut funktioniert hätte. Hatte es ja auch, was mich übrigens schwer beeindruckte. Gleichzeitig war er ehrlich und erklärte mir unmissverständlich, dass ich derzeit noch nicht alt und reif genug fürs TV-Business sei und ich deshalb erst mit YouTube starten solle. Er empfahl mir, die Sache auf professionelle Art und Weise anzugehen, sprich mit einem eigenen Kanal und einer Art Konzept. Ich solle mir überlegen, was mir Spaß mache, und ich solle vor allen Dingen ich selbst sein. Bernds seriöse Ader gefiel mir. Obwohl er meinen radikal nuttigen Ruf kannte und seine Produktionsfirma damals die Videos für die *BILD*-Girls produzierte, versuchte er in keiner Weise, mich in etwas »Schmuddeliges« hineinzuquatschen. Auch wenn wir uns danach nie wiedersahen, bin ich ihm für diese Beratung bis heute sehr verbunden, denn sie erwies sich im Wert als pures Bling-Bling!

Als ich wieder zu Hause war, dachte ich intensiv über Bernds Worte nach. Ich wusste, die Schule würde bald enden und die Zeit wäre knapp, um zu entscheiden, ob ich besser einen klassischen Beruf erlernen oder eben das machen sollte, was mir am besten lag: ich selbst sein mit all meinen freizügigen Träumen. Schlagartig erinnerte ich mich an meinen Schulaufsatz und das Ziel, das ich darin verewigt hatte: Berühmt und reich werden! Mir war seit jeher klar, dass ich »anders« war und mit allem, was ich tat und darstellte, provozierte. Ich entschied, dass das nichts Schlechtes sein musste, sondern ganz im Gegenteil sogar etwas Gewinnbringendes war. Es war der Moment, in dem ich beschloss, mein »Bitchysein« zum Business zu machen. Von Anfang an stand demnach viel Absicht hinter meinem YouTube-Vorhaben, denn einen Plan B gab es nicht.

Meinen ersten offiziellen YouTube-Kanal erstellte ich unter dem Namen Katja Krasavice im März 2014. Ich war mir sicher, dass man mich so besser zuordnen konnte, da ich mit diesem Namen bereits Facebook bespielte. Schon immer fand ich die Abkürzung »KK« toll, weswegen ich überhaupt erst auf die Nachnamenidee Krasavice kam, was auf Tschechisch so viel heißt wie »schöne Frau«. Ich dachte, falls ich wirklich mal fame würde, hätte ich einen verdammt coolen Künstlernamen.

Direkt nach der Account-Registrierung ging ich zu meiner Mutter und nervte sie bezüglich eines anständigen Kamera-Equipments. Ich wusste, dass wir dafür eigentlich kein Geld hatten, aber ich wollte die Sache unbedingt professionell aufziehen. Meine Mutter stöhnte, als ich ihr den Preis sagte. Ob 1000 Euro für eine Kamera ernsthaft gemeint wären, erkundigte sie sich entsetzt. Was sie dann für mich tat, war wirklich unglaublich. Sie lieh sich die Kohle bei der wohlhabenden Familie, bei der sie sauber machte, und legte, um es zurückzahlen zu können, in den darauffolgenden Wochen Hunderte von zusätzlichen Putzschichten ein. Meine Mum ist wahrlich die Person, die mich stets ernst nahm und alles für meinen Traum getan hätte. Bis heute bin ich ihr dafür unendlich dankbar. Schon am nächsten Tag kauften wir eine Spiegelreflexkamera samt Zubehör: Objektive, Lichter, Stativ. Ich konnte mein Glück kaum fassen, dank Mamas Fleiß und Aufopferung erstanden wir tatsächlich das volle Programm. Entsprechend motiviert ging ich an die Arbeit. Ich befasste mich mit der gesamten Technik und sah, was das Ding für tolle Aufnahmen machte. Bezüglich meines ersten Videos plante ich etwas besonders Bescheuertes. Ich wollte unbedingt einen Clip kreieren, der doppeldeutig war und provozierte, aber der auch völlig gaga und witzig war. Geboren war meine Idee zu »So wird man eine Katze!«. Ich sprang in den kleinsten Stringtanga, den ich finden konnte, und kombinierte ihn mit einem bauchfreien Stretchoberteil, das ich mir über zwei ausgestopfte Push-up-BHs quetschte. Um ehrlich zu sein: Mehr fake ging nicht! Dann begann ich, auf allen vieren räkelnd eine Katze zu imitieren. »Also, eine richtige Muschi wird man natürlich nur, wenn man Milch trinkt«, schnurrte ich beispielsweise und leckte dabei etwas Milch aus einem Napf. Ich redete mich um Kopf und Katzenkragen, wackelte dabei mit den Arschbacken und kratzte mit meinen Gelschaufeln lasziv an einem Kratzbaum, um im Anschluss genüsslich an ein paar Leckerlis zu knabbern. Das Ganze war derart skurril, dass ich beim anschließenden Cutten des Filmchens selbst einen derben Lachflash erlitt. Die Leute drehten komplett frei, als das Video online ging, und teilten es deshalb tausendfach über Facebook. Natürlich nicht aus Nettigkeit, sondern weil sie sich das Maul über mich zerrissen, wie dumm und behindert ich sei und dass man das unbedingt gesehen haben müsse, so grenzdebil sei ich. Getreu dem Motto: »Oh Gott, erschießt sie, sie quält sich!«

Vergeblich versuchte ich, meinen vermeintlichen Schul-Homies begreiflich zu machen, dass das einfach entertainen sollte, mehr nicht. Doch zwecklos, sie hielten mich weiterhin für eine hoffnungslose Intelligenzallergikerin. So wie der Rest der Welt vermutlich auch. Ich hingegen war mittlerweile ziemlich relaxt, was den Hass betraf, und dachte: »Alright, ihr Arschgeigen, MUSCHI gracias for making me fame!« Denn auch alle weiteren Videos, die ich aufnahm, gingen ab wie ich in der Kiste! BÄM! Ich war im Game! Allerdings nicht nur bezüglich der Klickzahlen, sondern auch was den Abonnentenzuwachs anging. Der raste nämlich ebenfalls gen Mond, sodass ich mich direkt beim YouTube-Partnerprogramm anmeldete und ein AdSense-Konto einrichtete, was Voraussetzung ist, wenn man mit YouTube Scheinchen scheffeln möchte. Die Videos »So kriegt man Typen«, »10 Fakten über Brüste«, »Mein erstes Mal« und »Wie isst man eine Banane« folgten. Was soll ich sagen? Niemand massiert eine Banane oral eifriger als ich, was die Aufnahme zu einer echten YouTube-Perle machte. Meine grenzwertigen Gaga-Clips, die immer eine Mischung aus Erotik und Unterhaltung waren, wurden zu einem Hype. So kam es, dass ich bereits einige Monate nach dem Start mit dem Kanal Kohle kassierte. Das alles ging so dermaßen schnell, dass ich kaum Zeit hatte, darüber nachzudenken, wie krass das eigentlich war. Was ich aber innerlich bemerkte, war, dass es mir immer weniger ausmachte, ausgelacht zu werden. Ich fühlte mich einfach übertrieben gut, dass ich es geschafft hatte, mit dieser Sache bekannt zu werden, und nun sogar dabei war, damit erstes Geld zu verdienen. Besonders happy machte mich darüber hinaus die Tatsache, dass die Hater mir quasi auf den Leim gegangen waren, ohne es überhaupt zu merken. Stolz stand ich vor dem Spiegel und gab mir selbst einen High Five. Nun konnte ich mich offiziell »YouTuberin« nennen, was sich vermutlich genauso gut anfühlte wie für einen Auszubildenden der Einserabschluss.

Zu Hause jedoch hing der Haussegen schief. »Hör auf damit, das ist unfassbar peinlich und nuttig!«, maulten meine Brüder. Allen voran Radek war mein YouTube-Kanal ein Dorn im Auge. »Du läufst rum wie eine Schlampe, du gibst dich wie eine Schlampe, du BIST eine Schlampe!«, warf er mir immer wieder vor, was mich sehr verletzte, weil er zur Familie gehörte. So wenig mich die Anfeindungen von Fremden jucken, desto mehr trifft mich die Kritik der Menschen, die ich mag und die mir am nächsten stehen. Meine Mutter hingegen war relativ gechillt. Sie wusste, dass ich mich nicht ändern würde, und akzeptierte die Sache deswegen von Anfang an. Radek aber war schon immer knallhart mit seinen Meinungsäußerungen. Heute weiß ich das zu schätzen, doch damals konnte ich nicht damit umgehen. Das war mein wunder Punkt. Natürlich tat es weh, dass er mich fortan immer ein wenig verarschte, indem er mich »Prostitutka«, nannte, was auf Tschechisch Nutte bedeutet. Oft weinte ich deswegen und versuchte ihm zu erklären, dass die provozierend-aufreizende Art eben zu mir gehöre, genauso wie meine Vorliebe fürs Freizügige. Ich verstand seine Aufregung nicht, da er mich doch gar nicht anders kannte. Vermutlich hatte er einfach nur Panik, dass mein Ruf im Zuge der Öffentlichkeit nun auch auf den Rest der Familie abfärben würde. Eines Tages jedoch brachte er mir aus Tschechien ein paar transparente Plateau-High-Heels mit, nahm mich in den Arm und grinste: »Hier, für dich, du kleine Prostitutka!« Es war der Augenblick, in dem er mich so akzeptierte, wie ich war, und sich sein Umgang mit der Sache völlig normalisierte. Es wurde ihm egal, was andere dachten, auch wenn Freundinnen von ihm immer mal wieder entsetzt fragten, was denn seine kleine Schwester da Peinliches tue und ob er das nicht unterbinden könne. Das waren wiederum die Momente, in denen ich tatsächlich kurz darüber nachdachte, ob ich mir mit meinem krampfhaften »Ichsein« vielleicht doch selbst schaden würde. Mein Bauchgefühl jedoch versprach mir, dass es nicht so wäre, und riet mir, dass ich doch bitte exakt so bleiben möge, wie ich war. Heute stehen meine Brüder übrigens immer ganz breitbeinig da und würden am liebsten jedem auf dieser Welt erzählen, dass ich ihre Schwester bin. So können sich Ansichten ändern – und das ist schön.

Als ich kurze Zeit später meinen Schulabschluss machte, verdiente ich durch die Werbung, die vor meine Videos geschaltet wurde, bereits

700 Euro pro Monat, was für mich ein Vermögen war. Ich erinnere mich noch genau, wie ich mir von meiner ersten YouTube-Kohle ein paar heiß ersehnte UGG Boots gönnte, die mir mein Hund später leider kaputt biss. Aus Trotz stolzierte ich danach wie Gräfin Koks in einen Hermès-Laden und kaufte mir dort als Ersatzbefriedigung einen Luxusgürtel. Ich konnte den Cash-Regen gar nicht fassen und malte mir aus, wie es wohl wäre, wenn ich eines Tages 3000 Euro pro Monat verdienen würde. Ich hätte für immer ausgesorgt, da war ich mir sicher, aber das war natürlich völliger Bullshit. Diese 3000 Euro pro Monat sollten sich noch vervielfachen, und das schneller, als ich meinen Lidstrich ziehen konnte. In der Regel erstellte ich vier Videos pro Monat und konnte quasi jedes Mal dabei zuschauen, wie die Klickzahlen explodierten. In Etappen multiplizierte sich alles: In der einen Woche träumte ich aufgeregt davon, wie es wohl wäre, wenn man eine halbe Million Klicks hätte, und zack war es so weit. Mein nächster Clip erreichte schon 750 000 Views und das nächste Video sahen dann plötzlich eine Million Menschen. Die Leute schickten die Links rum wie gestört, stets mit Kommentaren wie: »Hier, schaut mal, die bräsige Brosche hat nicht mehr alle Delfine im Becken, das müsst ihr euch reinziehen!« Das, was man scheiße findet, teilt man eben erst recht, und das war meine Lizenz zum Gelddrucken. Auch wenn ich das anfangs gar nicht als primäres Ziel ansah, vielmehr ging es mir um den Fame. Ich wollte, dass die Leute mich kannten!

Und diesbezüglich überließ ich nichts dem Zufall. Mir kam eine Idee, wie ich mit einer simplen, aber sehr effektiven Methode die Reichweite der erfolgreichsten YouTuber nutzen könnte, und zwar so, dass sie es nicht mal bemerkten. Ich überlegte mir, Videos zu produzieren, in denen ich sage, welche bekannten YouTuber ich gerne ficken würde und welche eben nicht. Ich wusste, dass die meisten darauf öffentlich reagieren und so alle ihre zig Millionen Abonnenten auf mich aufmerksam werden würden. Ich packte sie also nicht bei den Eiern, aber bei ihrer Eitelkeit und zwar mit einer gespielten Sexoffensive. Egal wie bekannt jemand ist, wenn eine Blondine öffentlich verkündet, dass sie einen ganz bestimmten Typen knallen will, dann wird er darauf reagieren. Genauso wie jemand darauf anspringen wird, wenn man ihn als unsexy bezeichnet. Ich habe diese YouTube-Stars nicht wirklich bewertet, sondern einfach wahllos entschieden, wer angebliches Fuck-Material ist und wer nicht. Ich hätte genauso gut einen Würfel werfen können. Es ging mir nämlich nur darum, die Mausefallen aufzustellen und abzuwarten, wer alles reintappt. Und ja, ich fing sie alle! »Whaaat? Leute, habt ihr gesehen, diese Katja Krasavice will mich unbedingt knallen!«, reagierten die meisten via Video und präsentierten mich damit brav ihrer gesamten Gefolgschaft. Derweil saß ich zu Hause und lachte mir ins Fäustchen. Diese »Stars« checkten nicht, dass, wenn ich sie wirklich hätte ficken wollen, sie von mir eine Direct Message bekommen hätten, statt einer Erwähnung im Video. Der Plan funktionierte so gut, dass ich mir daraufhin mit der gleichen Masche die bekanntesten Deutschrapper vornahm. Bumsbar fand ich die alle nicht, aber das war Latte. Ich steh einfach nicht auf die Typen, die alles ficken und sich dabei für die coolsten Dudes der Welt halten. Diese Rolle ist schließlich meine und deswegen fallen Rapper generell nicht in mein Beuteschema. Für ein Ausnutzen in Sachen Fame waren sie allerding perfekt geeignet. Wieder erstellte ich mir eine Liste. Diesmal machte ich mir sogar tatsächlich den Spaß per Würfel zu entscheiden, wer ein geiler Hengst ist und wer nicht. Jeder Name, bei dem ich eine sechs würfelte, wurde von mir gnadenlos angebaggert, indem ich bekannt gab, dass mir allein beim Anblick dieses geilen Motherfuckers das Wasser zwischen den Beinen zusammenlaufen würde. Mehr Ego-Pushing ging nicht und so schnappten sie wieder zu, meine ausgelegten Mausefallen. Die Namen, bei denen der Würfel mickrige Zahlen ausspuckte, bekamen von mir hingegen einen fiesen Unfuckable-Stempel. Das ganze Spielchen lief wie geschmiert, denn alle reagierten. Mal positiv, mal negativ. Es gab einige Rapper, die sich saucool dabei fühlten, mir einen Korb zu geben, indem sie auf ehrenhaft mimten und ihren Fans weißmachen wollten, dass sie solche platten Fick-Offerten niemals annehmen würden. Glaubhaft war das nicht, aber für mich extrem gut, um im Gespräch zu bleiben. Denn egal wie das Feedback auch ausfiel, es half mir, um bekannter zu werden. Genau genommen, fickte ich die Leute tatsächlich, die mich für dumm verkauften, aber eben nur Fame-technisch. Diese Honks ließen sich mit ein paar willigen Titten vor den Karren spannen und trieben damit unbemerkt mein Business weiter voran. Witzig, dass sich bis heute einige Rapper darauf fett was einbilden, dass ich sie angeblich so geil fand. Die Leitungen dort sind eben extrem lang.

Der Fame war da! Die Kohle, die sich dann netterweise dazugesellte, war die sexy Kirsche auf dem eh schon zuckersüßen Sahnehäubchen. Um es auf den Punkt zu bringen: Ich verdiente um Welten besser als die ausgebildete Steuerfachangestellte und realisierte, dass man im Leben immer erst das tun sollte, was einem Spaß macht. Verdient man mit dieser Leidenschaft dann auch noch Geld, liegt Zufriedenheit sehr nah.

FIASKO BEIM FISKUS

Apropos Steuerfachangestellte. Alle meine Mitschüler traten nach ihrem Abschluss nicht mehr mich, sondern eine Ausbildung an. Ich fand das sehr befriedigend, um ehrlich zu sein. Alles, was ich tat, war, ein Gewerbe anzumelden und wie gesagt das zu tun, woran ich Freude hatte. Das Ganze nahm auf so unnatürlich steile Art und Weise seinen Lauf, dass ich schon bald 5000 bis 7000 Euro pro Monat verdiente. Ich fühlte mich so reich wie Paris Hilton. Mindestens! Das alles war so surreal, dass ich es lange nicht fassen konnte. Jede Woche belegte ich in den YouTube-Charts die ersten Plätze.

Dabei merkte ich jedoch viel zu spät, dass ich eigentlich schon viel früher mein Gewerbe hätte anmelden und Steuern hätte zahlen müssen, was ich aber nicht auf dem Schirm hatte. Wenn Schotter reinkam, hab ich ihn eben auch verballert. Welche 18-Jährige würde ihr frisch erworbenes Rich-Bitch-Dasein nicht gebührend zelebrieren wollen? Richtig, das hätten wohl alle getan, was aber eben auch saudumm ist. Ich schiebe dieses Unwissen aber durchaus auch aufs desolate Schulsystem. Man lernt dort ausschließlich für die Schule statt fürs Leben! Kein Schwein muss im Alltag gebrochen-rationale Funktionen ableiten, aber jeder muss Steuern zahlen und auf seine Kohle achten. Wäre doch toll, wenn man mit diesem Wissen die Schule verlassen würde, anstatt mit 28 auswendig gelernten Rilke-Gedichten im Hirn. Aber das interessiert das Finanzamt natürlich wenig, und so wurde ich zu einer amtlichen Strafzahlung verdonnert. Eine Summe, die ich lange abstotterte. Sogar mein Konto froren die Damen und Herren von der Steuerbehörde zeitweise ein. Nicht weil ich pleite war, sondern weil ich es eben verpennt hatte, die Kröten abzuführen. Man kann es erahnen, Post von diesem Amt gehört bis heute nicht unbedingt zu meinen Lieblingsbriefen. Glücklicherweise ist mein heutiger Steuerberater auf Zack, was meinem Konto und auch meinen Nerven mehr als guttut!

NIEMAND ERINNERT DICH ZUVERLÄSSIGER AN DEINEN ERFOLG ALS NEIDER

»Du sollst nicht begehren, was deinem Nächsten gehört« lautet eins der Zehn Gebote, was eindeutig ein Beweis dafür ist, dass Neid und Missgunst so alt sind wie die Menschheit selbst. Wir sind süchtig danach, uns zu messen mit denjenigen, die uns sozial oder anderweitig ähnlich sind. Wer ist klüger, schöner, reicher oder wer hat mehr Erfolg im gleichen Umfeld oder Business? Die Besessenheit mit diesem ständigen Vergleichen sollte auch ich in meiner neuen YouTube-Welt schnell zu spüren bekommen. Sobald die anderen nämlich meinen Run bemerkten, änderten sie auffällig bemüht ihr Konzept. All die biederen Basic Bitches begannen nun, in ihren Beiträgen ebenfalls über Sex zu reden, obwohl sie vorher ausschließlich ihre »Schminki-Schminki-Make-up-Tutorials« hochluden. Es war lächerlich, aber sie merkten wohl, dass der Content zog. Sie wollten so mit auf den Zug aufspringen, was aber nicht funktionierte, weil diese Marktlücke eben schon mit mir besetzt war. Viel schlimmer aber war der Hate der erfolgreichen YouTube-Jungs, die sich allesamt gegen mich verbündeten, da sie der Meinung waren, ich hätte mit meinem nuttigen Assi-Content YouTube verpestet und die Folge wäre, dass nun alle verkrampft auf Sex-Talk machten, und das nur wegen der Klicks. Niemand von den großen YouTubern wollte demnach etwas mit mir zu tun haben. Irgendwie kam mir das bekannt vor, denn eigentlich war es exakt so wie damals in der Schule. Nur ohne Raucherecke. Anfangs hofften diese Leute, ich würde zügig das Handtuch werfen, da ihnen die vielen Hasskommentare unter meinen Videos natürlich nicht entgangen waren. Als sie aber merkten, dass mich das nicht zu stören schien und ich weiter unbeeindruckt meine Inhalte produzierte, wurden sie nervös. Viele von denen riefen daraufhin öffentlich

dazu auf, man möge mir, der kleinen Billo-Bitch, doch dringend ent-
folgen, weil diese Art von Content absoluter Müll wäre. Von einigen
hieß es dann, ich wäre eine Hure, eine Schlampe, eine saudumme Bitch
sonst was. Ich kann die ganzen Beleidigungen gar nicht alle aufzählen,
so massiv gingen diese notorischen Nichtgönner gegen mich ab. Das
alles waren Typen, die ihre Miete mit der Kohle zahlten, die sie durch
meinen Namen verdient hatten. Auch wenn es mich traurig stimmte,
versuchte ich, innerlich geschmeidig zu bleiben, indem ich in meine
mentale Jogginghose stieg, mich zurücklehnte und weiter meine Klickzahlen abfeierte. In der Regel ignorierte ich also diese Hater-Videos,
bis auf einige wenige Male, bei denen ich einfach nicht anders konnte,
als provozierend zurückzubitchen. Einer von denen lud beispielsweise
mal ein Video hoch, in welchem er sich seminett über mich ausließ.
Er nannte es »Die YouTube-Hure«. Daraufhin stellte ich am nächsten
Tag ebenfalls ein Video online, mit exakt dem gleichen Titel. »Hey,
Leute, hier ist eure YouTube-Hure«, begrüßte ich meine Abonnenten
und drehte den Spieß damit einfach um. So ging das dann ewig hin und
her. Ich ließ mich nicht unterkriegen. Glücklicherweise wurde ich nach
einiger Zeit von einem YouTube-Netzwerk aufgenommen, das sich um
meinen Kanal kümmerte, wenn es Probleme gab. Natürlich nicht für
lau, sondern für Prozente, die ich im Zuge dessen abgab. Ohne diese
Kooperationen innerhalb des Netzwerkes hätte ich nicht überlebt, da
sie mir häufig halfen, meine Videos für Werbepartner freizuschalten.
Mein recht freizügiger Content war in der Regel erst ab 18, was bedeutete, dass diese Videos sofort für vorgeschaltete Werbung gesperrt
wurden, ergo man damit auch keine Kohle verdiente. Ich fing also an,
darauf zu achten, meine versauten Inhalte so zu präsentieren, dass sie
wenigstens die Chance hatten, knapp durch die Sperrung zu flutschen.
Dazu nervte ich ständig alle in meinem Netzwerk, dass sie doch ihre
Beziehungen zu den YouTube-Verantwortlichen spielen lassen mögen,

damit meine Videos als nicht pornografisch eingestuft werden, was auch oft funktionierte. Selbstredend, dass sich viele darüber aufregten und mich ständig darauf hinwiesen, dass ich meinen Kanal doch besser auf YouPorn statt YouTube weiterführen sollte. Damals waren die YouTube-Regeln definitionstechnisch gesehen aber noch recht dehnbar, sodass ich es tatsächlich schaffte, mich über Jahre hinweg entlang der Richtlinien-Schmerzgrenze durchzuwursteln. Doch das sollte nicht so bleiben.

DU SOLLST NICHT REGELBRECHEN

Aus heiterem Himmel kündigte YouTube im Dezember 2017 an, neue, härtere Regeln zur Schaltung von Werbung einzuleiten. Die Plattform wollte so das Vertrauen von Werbetreibenden zurückgewinnen, da diese häufig keine Kontrolle darüber hatten, wo ihre Werbung eigentlich geschaltet wurde. Die Anzeigen, die etwa vor meinen Videos liefen, waren demnach nicht unbedingt von den jeweiligen Firmen dort erwünscht. Man wollte also mit den Regeländerungen den unseriös wirkenden Kanälen, sprich unter anderem mir, das Kohlescheffeln erschweren. Plötzlich gab es Kontrollmöglichkeiten, die darauf abzielten, dass Werbung in Zukunft nur noch vor richtlinientreuen Videos geschaltet wurde. Das Problem war: Richtlinientreu war ab dem Moment gar nichts mehr. Allein das Aussprechen eines Schimpfwortes blockierte fortan den Einnahmefluss jeglicher YouTuber. Von sexuellem Content ganz zu schweigen. Als Strafe wurde in solchen Fällen direkt der jeweilige wiedergabebasierte CPM (Cost-per-Mille) heruntergestuft, was zur Folge hatte, dass man weniger Kohle verdiente. Dazu muss man wissen, dass der CPM ein Wert ist, der die Effizienz einer Werbung bestimmt. Eigentlich ist er gleichzusetzen mit dem Tausend-Kontakt-Preis, den man aus dem klassischen Marketing kennt, was bedeutet, dass der CPM berechnet, welches Geld ein Unternehmen in die Hand nehmen muss, damit 1000 Menschen mit seiner Werbung konfrontiert werden. Oder eben wie viel ein YouTuber für die Werbung pro 1000 Views erhält. Dieser CMP variiert von Kanal zu Kanal aufgrund von diversen Bewertungen. Jemand, der zum Beispiel erfolgreich Lego-Tutorials für Kids online stellt und 500 000 Views hat, kassiert somit weit mehr als jemand, der mit einem Schmuddeltalk 500 000 Klicks generiert. Jede Handlung, die laut YouTube nicht werbefreundlich ist, killt dir also deinen CPM. Ich war tot. Das dachten zumindest meine Hater, die direkt öffentlich prophezeiten, dass ich unter dem neuen Regelwerk als Erstes abkratzen würde. Das tat ich auch, was die Einnahmequelle bezüglich der vorgeschalteten Werbung anging, nicht aber, was meine Reichweite anbelangte – eine Reichweite von mittlerweile 1,5 Millionen Abonnenten, die bezüglich anderer Möglichkeiten finanziell nicht zu unterschätzen war.

MUND ABWISCHEN, WEITERMACHEN!

Durch die enorme Menge an Abonnenten hatte ich mir längst andere lukrative Standbeine aufgebaut, da die Option, mich im Inhalt den Richtlinien anzupassen, nicht infrage kam. Die Vorstellung, dass ich aufgrund von Geldgier eine langweilige, regelkonforme YouTube-Marionette werden würde, gruselte mich. Das wollte ich unter keinen Umständen. Aber ich dachte mir: Fuck it! Und ich beschloss, trotzdem weiter YouTube-Videos zu erstellen, auch wenn ich damit keine Kohle mehr verdienen, sondern diese nur dazu nutzen würde, meine Fanbase aufrechtzuerhalten. Das unterscheidet übrigens schlaue Menschen von dummen. Es gab YouTuber, die durchaus erfolgreicher waren als ich, die aber nach der Regeländerung bankrottgingen, da sie nicht flexibel auf die Veränderungen reagierten und sich etwas anderes aufbauten. Mein Mitleid diesbezüglich hält sich allerdings in Grenzen.

Durch den Hype um meine Person wurde ich auch nach dem YouTube-Knall regelmäßig für »Meets & Greets« in Clubs gebucht, was sich finanziell sehr lohnte. Ich liebte diese Fantreffen; es war irre zu sehen, wie da jedes Mal Tausende Jugendliche standen und kreischten, nur um ein Selfie mit mir zu ergattern, und das obwohl ich noch keinen eigenen Song hatte. Solche Auftritte waren stets ausverkauft und die totale Eskalation, was mich ungemein beglückte. Niemals hätte ich als Hater-Opfer gedacht, einmal echte Fans zu haben, die mich lieben und denen ich Mut mache. Dazu hatte ich das Glück, dass mich einige Werbepartner konkret buchten. Diese Kooperationen waren aufgrund meines Schmuddelimages zwar nicht leicht zu bekommen, aber wenn ich welche hatte, dann lief es wie geschmiert. Ich erinnere mich noch an meinen allerersten dicken Werbedeal, der mir 10 000 Euro einbrachte. Ich schnallte komplett ab. 10 000 Scheine für ein Video und eine Reise nach Frankreich, um dort eine große Produktion miterleben zu dürfen. Es ging damals um das PlayStation-Spiel »Far Cry«, das ich mit einem Video bewerben durfte. Eine Sache, die mir unheimlich Spaß machte und die mich sehr ehrte, da ich zu der Zeit erst 500 000 Follower hatte. Natürlich ärgerten sich die anderen YouTube-Stars schwarz, dass sie trotz ihrer Millionen von Abonnenten diesen Deal nicht für sich gewinnen konnten. Dazu gesellten sich später noch weitere Werbekooperationen, unter anderem für ein Erotikportal. Aber auch mein eigenes Parfum vertrieb ich zu der Zeit über einen kleinen Onlineshop. Das funktionierte recht gut, war aber natürlich keine Einnahmequelle zum Ausrasten. Das Beste allerdings, was ich tat, war, meine Karriere als Sängerin voranzutreiben, denn kurz bevor YouTube zum »Alles ist verboten«-Portal mutierte, brachte ich meinen ersten eigenen Song heraus.

GIB'S MIR DOGGY

In der Flut meiner YouTube-Nachrichten fand ich im Sommer 2017 zufälligerweise eine Produzentenanfrage aus dem Saarland. Dort schrieb mir ein Typ, dass er einen krass geilen Song produziert hätte, der 100 Prozent zu mir passen würde, und ob ich mir den nicht mal anhören wolle. Ich freute mich übertrieben über die Anfrage, da ich mit Musik genau das künstlerisch vereinen konnte, was mir wichtig war: sexy, provokant und brutal bitchy zu sein. Zu Beginn meines YouTube-Kanals hatte ich es nach dem »Look At Me Now«-Rap nämlich noch einmal mit einem Musikvideo probiert, in dem ich den Song »We Can't Stop« von Miley Cyrus coverte. Das war genau die Zeit, in der ich mir selbst beibrachte, Videos korrekt nach Script zu planen, zu drehen und zu cutten. Ebenfalls besorgte ich mir alle Requisiten und machte mein Make-up selbst. Ich lernte schnell, wie wichtig es war, alle Bereiche auf der Pfanne zu haben, um so Künstlerin, Regisseurin, Visagistin, Kamerafrau und Cutterin in einem zu sein. Das Video zu »We Can't Stop« drehte ich damals in der Villa eines Typen, bei dem meine Mum putzte. Während ich mich also vor der selbst aufgebauten Kamera halb nackt räkelte, schrubbte Mama den Küchenboden, was absurd, aber irgendwie auch verdammt witzig war. Anschließend mixte ich das Ganze mit einem Programm zusammen und feuerte es auf YouTube ab. Ich fand's geil, aber die GEMA sah dort eine klare Urheberrechtsverletzung, weswegen das Ding direkt wieder gesperrt wurde.

Drei Jahre später sollte ich nun eine Chance auf professionellem Musikniveau erhalten, auch wenn ich gesanglich kein Ass war. Schon beim ersten Hören des Songs ging mir dermaßen einer ab, dass ich vor Glück fast gekommen wäre. »Doggy« passte zu mir wie Arsch auf

Eimer oder besser gesagt wie Arsch auf Zauberstab. BÄM! So schnell wie möglich fuhr ich also ins Kuhdorf Marpingen-Urexweiler, wo der Typ sein Studio betrieb, und nahm meinen ersten eigenen Song auf. Auch wenn es diesmal nur auf meine Stimme ankommen sollte, ließ ich es mir nicht nehmen, dort übelst aufgedonnert anzutanzen. Ich war nervös und siegessicher zugleich, merkte aber schnell, dass das mit dem Singen und Rappen nicht so einfach war und es einer Menge Soundeffekte bedurfte, bis sich der Song geil anhörte. Ich nahm mir vor, dass, wenn es in Zukunft noch weitere Songs von mir geben sollte, ich vorher auf jeden Fall Gesangsunterricht nehmen würde. Trotzdem verließ ich überglücklich das Studio und fühlte mich saugut.

Als der Song in den Tagen darauf fertig abgemischt war, ging es für mich an die Planung und Umsetzung des Videos. Ich hatte noch kein Label, was bedeutete, dass ich die Kosten für das Musikvideo aus eigener Tasche bezahlen musste. Dementsprechend entschloss ich mich dazu, das Video nicht allzu teuer produzieren zu lassen. Fraglos waren die 25 000 Euro, die ich am Ende trotzdem dafür ausgab, eine große Summe. Ich ahnte aber, dass das Lied durch die Decke gehen würde, vor allen Dingen wegen des Textes, der perfekt zu meinem Image passte. Ich hatte schließlich einen Ruf zu verteidigen. Ich verließ mich auf mein gutes Bauchgefühl, weil ich mir sicher war, dass die Leute es sich reinziehen würden, allein um zu gucken, wie ich mich als Sängerin so machte. Um all den Lästerlappen also schon vorher den Wind aus den Segeln zu nehmen, erklärte ich auf YouTube groß und breit, dass ich jetzt Musik machen würde, nicht weil ich besonders gut singen könnte, sondern einfach nur weil es mir eben Spaß bereiten würde. Anfang Dezember war es dann so weit: »Doggy« wurde veröffentlicht und stieg direkt auf Platz 7 der deutschen Charts ein. Bei Spotify, Deezer, Apple Music – überall wo man Musik streamen oder kaufen konnte – gab es jetzt auch die kleine blonde Katja. Mit dem ersten Song stieg ich also gleich in die Top Ten ein, in Österreich sogar auf Platz 5. Von YouTube ganz zu schweigen, denn dort weist das Video zum Lied heute knapp 30 000 Millionen Views auf. Während ich also vor Stolz fast platzte, konnten meine Hater gar nicht so viel essen, wie sie hätten kotzen wollen. Ich gönnte mir daraufhin einen Hot Doggy und ein Fläschchen Dom Perignon. Cheers, neues Standbein!

Im darauffolgenden Jahr brachte ich mit »Dicke Lippen« und »Sex Tape« zwei weitere Songs heraus, die es sogar auf Platz 4 und 6 der deutschen Charts schafften. Das lag vielleicht auch ein klein wenig daran, dass ich hart an meiner Stimme arbeitete, indem ich tatsächlich Gesangsunterricht nahm. Außerdem holte ich mir von einem bekannten Rapper jede Menge Tipps ab, was korrektes Timing und Betonung anging. Mein neues musikalisches Standbein löste einen wahren Wandel in meiner Abonnentengefolgschaft aus, denn von da an hatte ich echte Fans: Menschen, die mich mochten und die gut fanden, was ich tat. Gewiss gab es auch weiterhin Hater, aber eben nicht mehr so viele wie früher. Ich war überglücklich und auf dem besten Wege, eine anerkannte »Künstlerin« zu werden.

BIG BROTHER IS WATCHING YOU – ERST RECHT, WENN DU'S DIR IN DER BADEWANNE GIBST

Aufgrund meiner neuen kleinen Musikkarriere wurde 2018 auch das Fernsehen auf mich aufmerksam. Die Produktionsfirma von *Promi Big Brother* fragte an, ob ich mir vorstellen könne, ein Teil der neuen Staffel zu werden. Für mich war die Anfrage eines solchen TV-Formats wie ein Ritterschlag, denn schon lange träumte ich davon, auch außerhalb von YouTube und Instagram bekannt zu werden oder mich zumindest einem anderen Publikum präsentieren zu können. Ich traf mich mit Rainer Laux, dem langjährigen *Big-Brother*-Oberboss, in Berlin. Innerlich monströs nervös konzentrierte ich mich darauf, so seriös und aufgeräumt wie nur möglich zu wirken. Ich achtete auf meine Sprache, schenkte mir brav Wasser ein und trug zur Verwirrung aller ein normales Outfit. Kein Ausschnitt, kein Minirock, nichts Bauchfreies. Ich kam mir vor wie Judith Rakers, nur NOCH biederer. Das Witzige war, dass dieser Rainer alles andere als spießig, sondern ein verdammt lässiger Kollege war. Amüsiert guckte er sich mein bemühtes Benehmen ein wenig an, um mich dann süffisant zu fragen, ob ich denn heute auch noch mal die echte Katja sein wolle. Ich atmete auf, kein Verstellen mehr. Die Chemie zwischen uns stimmte, wir tranken einen Shot und alles war geritzt. Rainer war begeistert, gab mir aber auch zu verstehen, dass ich mich bitte benehmen möge, was das Sexuelle im TV anginge. Sat.1 sei schließlich kein Pornosender. Ich versprach, diesbezüglich nicht »auszurasten«, und verabschiedete mich lieb und artig. Als ich das Treffen sacken ließ, kamen mir jedoch Zweifel. In mir kroch die Angst hoch, dem »neuen Publikum« nicht gerecht zu werden, ich machte mir Sorgen, dass die breite TV-Masse mich womöglich nicht verstehen würde. Dazu kam die Panik, vom Sender bewusst falsch dargestellt zu werden. Wie würde es sich anfühlen, wenn mich erneut alle hassten?, rumorte es in meiner Rübe. Daraufhin sagte ich die Teilnahme tatsächlich wieder ab. Doch Rainer ließ nicht locker. Mit allen Argumenten, die er finden konnte, inklusive Gagenerhöhung, versuchte er, mich zu bekehren, doch bitte mitzumachen, was er am Ende auch schaffte. Ich gab mir einen Ruck, ging hin und eine fette fünfstellige Summe wanderte auf mein Konto.

Ich hielt es für das Beste, mich nicht künstlich auf die Show vor-
zubereiten, sondern ich selbst zu sein, was das Ganze recht chillig
machte. Lapidare Fragen wie »Was für Outfits nehme ich mit?« oder
»Wie mache ich meine Haare?« waren somit die einzigen, zu klärenden
Dinge im Vorfeld. Dann ging alles recht schnell. Kurz vor Beginn der
Show bestellte man mich in ein Kölner Hotel, in welchem ich dann für
zwei Tage von allen äußeren Einflüssen abgeschottet wurde. Dort gab
es eine »Digital-Detox-Kur« der Extraklasse: kein Telefon, kein Fernsehen, kein Internet. Für mich als Handyjunkie war das eine extreme
Challenge. Allein die zwei Tage ohne Onlineshopping waren völlig
außerhalb meines normalen Suchtverhaltens. Das Einzige, was ich
in dem von außen bewachten Hotelzimmer benutzen durfte, war ein
alter Nintendo DS. Halleluja, ich habe mich noch nie so gelangweilt.
Vor lauter Ödnis bräunte ich mir mit meinem Hardcore-Gequarze
die Lunge Richtung verkohlter Lappen. Rauchen, zocken, essen, befriedigen, schlafen. Und wieder von vorne. Wie eine Laborratte ro-
tierte ich in dieser ewig gleichen Reihenfolge. Das Ganze hatte aber
einen guten Nebeneffekt, der vermutlich beabsichtigt war: Das Nachdenken über mich selbst, die Ruhe und die Langeweile führten nämlich dazu, dass ich den Start der Show kaum abwarten konnte. Ich war
richtig heiß darauf, den Container endlich zu betreten. Apropos heiß,
ein paar Stunden bevor es dann tatsächlich losging, bekam ich plötzlich hohes Fieber, welches mich komplett plättete. Keine Ahnung, ob
das die Aufregung war, zumindest fühlte ich mich schlagartig wie eine
300 Jahre alte Schildkröte auf Valium. Glücklicherweise war das Team
dort für solche Fälle top vorbereitet. Ehe ich michs versah, hing ich an
einem Tropf und bekam eine raketenmäßige Vitamininfusion. Fröh-
lich-euphorisiert hüpfte ich danach kerngesund in mein rotes Latex-
kleid, knödelte mir die Haare zum ultimativen Neunziger-Doppeldutt
hoch und marschierte gen Container. Das vorherige Herausnehmen

meiner Extensions war übrigens ein super Trick, um dort nicht schon nach kurzer Zeit auszusehen wie eine rumänische Rummelplatznutte mit Hepatitis A bis Z plus Sonderzeichen. Ich hasse ungepflegte Haarverlängerungen. Es gibt nichts, was asozialer aussieht als diese verfilzten Hamster im Haupthaar. Und bei *Big Brother* weiß man eben nie, wie lange man im »Armenbereich« ohne Haarwäsche ausharren muss. Außerdem fand ich meine Marusha-Gedächtnisknoten auch ganz geil.

OMG, Alter, heftig!, schoss es mir immer wieder durch den Kopf, als ich vor der Tür stand. Meine Synapsen kollabierten. Ich zitterte so krass wie jemand, der gleich blind aus einem Heli geschubst wird. Zum Glück normalisierte sich dieser nervöse Mindfuck recht schnell. Sobald ich das Gelände betreten hatte, fing ich mich wieder. Mir war klar, dass ich direkt im »Armenbereich« landen würde, denn wer wäre nicht scharf darauf gewesen, zu sehen, wie ein Barbie-Püppchen auf einer versifften Baustelle ohne Dach und Dusche versucht zu »überleben«. Eben! Aber bei so was bleibe ich entspannt. Solange ich den Himmel sehe, ist alles chillig, egal wie dreckig die Umgebung ist. Ich hasse geschlossene Räume, ein Kellerverlies wäre für mich deutlich schlimmer gewesen. Ich war happy, direkt auf das ehemalige *BILD*-Girl und Reality-Sternchen Chethrin Schulze zu treffen, die mit ihrem blonden Haar aussah, als ob wir gut connecten könnten, was sich auch bestätigte. Ohne dass es mein Plan war, quatschten wir keine zwei Minuten nach unserem Aufeinandertreffen über Sex. Wer auf was stehen würde, wer wie oft vögelt und warum. Dummerweise gab ich preis, dass ich kurz zuvor mit einem Typen, der einen krass kleinen Pimmel besaß, Mitleidssex gehabt hatte. Diesen Minischuh zog sich leider der Falsche an, der daraufhin stinkesauer die Nerven verlor. Nach meinem Auszug blies er mir deshalb amtlich den Marsch, statt ich ihm die

Flöte. Er war sich sicher, dass ich ihn meinen würde. Alle seine Freunde hatten ihn angeschrieben, wussten doch die meisten seiner Jungs, dass wir ein kurzes Bums-Affärchen hatten. Ich fand das witzig, der Arme hat vermutlich noch heute ein Mikroschwanztrauma, dabei war er ja gar nicht gemeint und sein Knüppel sogar recht knorke. Ansonsten lief ich im Container den ganzen Tag in Unterwäsche und mit meinem mitgebrachten Penishaarreif herum oder ging meiner Lieblingsbeschäftigung nach, dem lasziven Bananenlutschen. Das Schöne war, die Leute im Haus akzeptierten mich von Anfang an und gaben mir das Gefühl dazuzugehören, auch wenn ich mich hin und wieder für alle hör- und sehbar selbst befriedigte. Badewannen sind eben nicht nur fürs Baden zu gebrauchen. Ich besorgte es mir übrigens nicht selbst, weil ich dort krampfhaft meinem Ruf gerecht werden wollte, sondern weil mich tatsächlich oft die Lust überkommt. Ich bin eben ein durch und durch surreal sexueller Mensch, das war's dann aber auch schon mit meinen Macken.

Ich glaube, meine Mitkandidaten checkten schnell, dass ich kein zickiger Mensch bin, der Streit sucht oder der irgendwelche Allüren hat. Ich gab mich exakt so wie zu Hause: happy, gechillt und mit fröhlich wackelnden Penissen auf dem Kopf. Aber vor allen Dingen hatte ich mich vorher mit niemandem abgesprochen, eine geplante Lovestory abzuziehen – im Gegensatz zu Chethrin und Rosen-Dödel Daniel Völz, was ich aber erst im Nachhinein aus der Presse und von Bekannten erfahren sollte. Vor *Promi Big Brother* war ich immer der Meinung gewesen, Fernsehsender wären fake, aber in real ist es genau andersherum. Natürlich wurde hier und da ein wenig zusammengeschnitten, aber im Großen und Ganzen war alles Gezeigte echt, bis halt auf einige Personen. Chethrin und der Bachelor kannten sich wohl bereits und zogen ihr kleines ausgedachtes Anbaggerskript durch, nur um

Sendezeit zu bekommen. Mich erschütterte das, woraufhin ich meine Freundschaft zu Chethrin später beendete. Ich mochte sie gern, aber als die Geschichte aufflog, war mir das zu blöd. Ich kann berechnende Menschen nicht leiden. Am Ende zeigt sich eben immer, wer real und wer fake ist. Vielleicht bin ich auch zu naiv gewesen, weil es irgendwie naheliegend ist, dass manche Promis sich im TV verstellen, um besser anzukommen. YouTuber sind da mehr sie selbst, da sie täglich authentische Dinge aus ihrem Privatleben präsentieren, statt etwas zu schauspielern. Aber es gab auch viele positive Begegnungen, beispielsweise mit *Marienhof*-Schauspielerin Nicole Belstler-Boettcher. Mit ihr habe ich bis heute noch Kontakt, weil es nichts gibt, über das man mit dieser supercoolen Frau nicht reden kann. *Bachelorette*-Kandidat Johannes Haller und Profisportler Pascal Behrenbruch sind ebenfalls sehr angenehme Menschen und Alphonso sowieso. Gott hab ihn selig!

Insgesamt gesehen bin ich stolz auf meine Leistung, denn ein von Kameras bespitzeltes Zusammenleben mit derart vielen Personen auf engstem Raum ist kopfmäßig nicht zu unterschätzen. Ich bin mental daran sehr gewachsen, besonders was mein Selbstbewusstsein angeht. Ich erkannte, dass ich durch meine Vergangenheit kaum aus der Ruhe zu bringen war und dass mein innerstes Wesen es mir erlaubte, trotz der ständigen Überwachung immer relaxt und maskenlos ich selbst zu sein. Es war interessant, zu sehen, wie unterschiedlich Menschen auf Situationen reagieren; es gab Dinge wie Lästereien, bei denen einige im Container komplett ausflippten. Beispielsweise die fiese Attacke von Reality-TV-Übermuddi Silvia Wollny. Die knallte damals dem schwangeren Busenwunder Sophia Wollersheim unverblümt vor die Gummiglocken, dass sie es asozial fände, wenn man seine Schwangerschaft effektvoll im TV veröffentlicht, obwohl noch nicht einmal die Eltern davon wüssten. Sophia zermürbten diese Worte. Das war nicht schön, aber mich hätte es nicht im Geringsten gejuckt, was eine garstige Silvia da für Pseudoweisheiten verbreitet. Vielleicht werde ich im nächsten Leben einfach der Dalai-Lama.

Alles in allem war *Big Brother* eine erfreuliche Erfahrung, die es mir ermöglichte, auch außerhalb von YouTube viele Menschen zu erreichen. Andersherum war man sicherlich auch mehr als zufrieden, da ich dem Sender mit meiner Nacktheit und der Tatsache, dass ich die gesamte Netzcommunity erfolgreich ins TV zog, bombige Quoten bescherte. Win-win-Situation nennt man das. Rückblickend betrachtet würde ich in Zukunft allerdings die Gage etwas klüger verhandeln. Sachlich war das zwar eine hohe Summe, die ich mit meinem Rückzieher noch erhöhen konnte. Aber im Endeffekt schien sie trotzdem nicht dem erbrachten Output angemessen. Mein eigener Marktwert ist mir heute viel präsenter. Ich weiß, was ich erzeuge und welches Gewicht das für gewisse Formate hat. Das Erfreuliche aber war, dass ich in keiner Weise schlecht dargestellt wurde, was ich der Produktionsfirma hoch anrechne. Mein Image verleitet nämlich normalerweise dazu. Es ist der Grund, weswegen ich zum Beispiel niemals ins *Dschungelcamp* gehen würde. Nicht weil ich keine Lust auf Bauchschweinsperma hätte, sondern weil ich die Gehässigkeit dort abartig finde. Dieses Format ist meiner Meinung nach ekelhaft degradierend und menschenunwürdig. Leute, die sich dort für Geld öffentlich schikanieren lassen, sind für mich wahre Opfer. Ich weiß, man sollte niemals nie sagen, aber derzeit würde ich so etwas auf keinen Fall tun oder zumindest erst dann, wenn meine einzige Alternative ein Schlafplatz unter der Brücke wäre. Gegenüber anderen, hochwertigen Formaten wie zum Beispiel *Let's Dance* oder *Dancing on Ice* bin ich hingegen extrem positiv eingestellt. Ich feiere diese Shows, da man dort etwas lernt, statt fertiggemacht zu werden. Ich hatte einfach genug Mobbing in meinem Leben.

... UND GEHEILIGT WERDE DEIN PROFIL!

Ich liebe Social Media! Auch wenn ich durch meine Freizügigkeit häufig Probleme mit Facebook, Instagram und Co. hatte und habe, besitze ich durch sie eine unfassbare Unabhängigkeit. Früher war man als Promi gezwungen, sich den Medien nicht nur anzupassen, sondern sich geradezu anzubiedern, um überhaupt irgendwo stattzufinden. Zum Glück hat sich dieses Blatt komplett gewendet. Ich brauche die Presse heutzutage nicht mehr zwingend, denn ich generiere meinen Content selbst und bin vor allen Dingen in der Lage, diese Inhalte auch eigenhändig zu verbreiten. Kraft meines Instagram-Profils bin ich in der Lage, zu jeder mir gewünschten Zeit über zwei Millionen Menschen zu erreichen, was unbezahlbar ist, denn es bedeutet Macht! Macht über meine eigene Karriere. Ich bin mir sicher, dass man Follower deswegen nicht nur wie Handtaschen sammeln, sondern aktiv unterhalten und mit ihnen kommunizieren sollte. Ihr Feedback ist ein Spiegel, den man sich sonst viel zu selten vorhält. Ein Spiegel, der einen vorantreibt, sich stetig zu verbessern. Natürlich muss man hier genau differenzieren zwischen konstruktiver Kritik und blindem Hass. Wer könnte davon ein besseres Lied singen als ich? Die Anonymität der sozialen Medien verleitet nämlich Leute dazu, andere weitaus skrupelloser zu mobben. Viele von meinen damaligen Facebook-Hatern hätten mir die fiesen Dinge, die sie mir im Schutz ihrer Netzanonymität vor den Latz knallten, wohl niemals mit gleicher Schärfe offen ins Gesicht gesagt. Wer das durchschaut hat, lernt – auch wenn es ab und zu noch schmerzt – und wächst daran. Genauso wichtig ist es, die Menschen herauszufiltern, die sich dank Instagram so präsentieren, wie sie gern wären, es aber im Endeffekt nicht sind. Es ist der Grund, warum dieses Netzwerk so erfolgreich ist. Hier kann jede langweilige Durchschnittsgurke dank der Bearbeitungs-App »FaceTune«

easy auf superheiße Skinny Bitch machen und den Followern täglich von ihrem Bling-Bling-Jetset-Leben berichten, obwohl sie in Wahrheit auf 32 Quadratmetern wohnt und halbtrockenen Rotkäppchen-Sekt trinkt. Ich lass mich diesbezüglich nicht mehr verarschen, Social Media ist eine Welt, in der eben auch viel vorgegaukelt wird. Ich finde, jeder sollte deswegen schauen, wem er folgt und ob diese Person auch wirklich das ist, was sie vorgibt zu sein. Von mir kann ich sagen: Das, was ich auf Instagram sage, von mir zeige und tue, ist zu 100 Prozent das, was ich lebe, habe und fühle – und darauf bin ich stolz. Das bin ich, das ist die echte Boss Bitch!

Die Regeln in den sozialen Netzwerken sind streng, besonders die von Facebook. Dort wurde mein Profil bereits fünf Mal gelöscht. Beim ersten Mal flippte ich noch komplett aus, weinte, tobte und fauchte, da meine über 100 000 Abonnenten tatsächlich futsch waren. Folglich musste ich mir ein vollständig neues Profil erstellen und brav von vorne anfangen. Das war hart und nervig, zumal sich dieses Spielchen über Jahre hinweg ständig wiederholte. Sobald ich mir wieder eine große Gefolgschaft aufgebaut hatte, zack, wurde ich erneut aufgrund irgendeines Bildes gelöscht. Irgendwann, als ich mal wieder 100 000 Leute zusammenhatte, war mir das Ganze zu blöd und ich reduzierte zum Schutz vor einer erneuten Sperrung meine Facebook-Aktivitäten auf ein Minimum. Was nicht schlimm war, da meine »Zielgruppe« zu der Zeit bereits ausschließlich auf Instagram unterwegs war. Aber auch dort sollte ich ordentlich auf die Mütze bekommen. Richtig weh tat es, als ich 2018 von heute auf morgen eine Million Follower verlor. EINE MILLION! Paralysiert starrte ich auf mein iPhone und konnte es nicht fassen: Mein gesamter Kanal war gelöscht. WEG! FUTSCH! GONE! Ich drehte dermaßen am Rad, dass ich beinahe in Ohnmacht fiel. Die fetteste aller Hasskappen wäre nicht fett genug gewesen. Ich weinte vor Enttäuschung. Ich schäumte vor Wut. Ich schrie vor Entsetzen. Das hier war mein Job, meine gottverdammte Existenz! Ich war tot. Das alles konnte nicht wahr sein. Was sollte ich jetzt tun? Ich hatte doch nicht einmal Nippelbilder hochgeladen oder sonst irgendetwas Regelwidriges gepostet. Es war wie immer nur ein provokantes Arschbacken-Pic, aber das war doch erlaubt. Es gibt Tausende Profile, die pornografischer sind als meins. Ich konnte einfach nicht nachvollziehen, wieso man explizit gegen mich mit dieser Härte schoss. Verzweifelt schrieb ich dem Instagram-Deutschland-Chef einen langen Brief. Ich erkundigte mich höflich nach dem Grund und bat darum, dass man mir bitte schnell erklären möge, was ich falsch gemacht hätte oder eben wie ich es besser machen könne. Ich erläuterte, warum mir dieser Kanal alles bedeutete, und flehte um Aufklärung. Dazu fotografierte ich zig Profile ab, die meiner Meinung nach eindeutig sexueller waren, aber trotzdem von Instagram akzeptiert wurden. Ich gab mir mit diesem Brief extreme Mühe, achtete auf die Rechtschreibung, auf Satzzeichen, auf einen höflichen Ton, einfach auf alles, doch die Antwort ließ auf sich warten, und zwar dermaßen lange, dass ich die Hoffnung irgendwann aufgab, jemals eine Antwort zu erhalten. Frustriert erstellte ich einen neuen Kanal. Dieser entwickelte sich zwar schnell recht gut, war aber kein Ersatz für meinen Verlust. Als mein Zweitaccount etwa 50 000 Follower hatte, tauchte mein alter Account auf einmal wieder auf. Ich kreischte auf vor Freude, sah aber dann, dass mein blauer Haken weg war und man mich komischerweise über die Suchfunktion nicht sonderlich gut finden konnte. Ich fragte erneut bei Instagram nach, warum, wieso, weshalb, und bekam tatsächlich eine Antwort. Man teilte mir mit, dass ich allgemein schlichtweg übertrieben hätte. Dazu erklärten sie mir, dass mein Account nun mit einer Verwarnung wieder freigeschaltet wäre, ich mir den blauen Haken allerdings abermals verdienen müsste, indem ich bewies, dass ich nicht so pornös weitermachte. Es dauerte ein verdammtes ganzes Jahr, in dem ich mich komplett brav einschränken musste, bis ich meinen geliebten blauen Haken endlich wiederhatte. Nur der sogenannte Ghost-Modus verfolgte mich noch länger. Leute können Kanäle im Ghost-Modus schwieriger finden, was den Follower-Zuwachs selbsterklärend lähmt. Das macht Instagram gerne, wenn man etwas hochlädt, was freizügig ist. Man wird nicht gelöscht, aber man wird in den Ghost-Modus geschoben. Seit dieser Geschichte haue ich keine unüberlegten Sachen mehr raus. Ich achte stets darauf, dass man nichts »Schlimmes« sieht, was gar nicht so einfach ist, wenn man trotzdem bitchy rüberkommen will.

Immer wieder raten mir Leute, mich anzupassen, damit ich es businesstechnisch leichter habe. Eine normale, »seriöse« Influencerin mit über zwei Millionen Followern würde auf Instagram nämlich weitaus mehr Kohle kassieren, als ich das derzeit mit meinem »kinky shit« tue. Würde ich mein Image wechseln, müsste ich damit rechnen, dass meine Follower-Zahl sinkt – aber ich würde immer noch mehr verdienen als heute, da man als Nullachtfünfzehn-Influencer eben auch schon mit einer halben Million Abonnenten lukrative Kooperationen angeboten bekommt. Vom Detox-Tee bis zum Hornhauthobel – als Normalo kann man eben jeden Scheiß bewerben. Ich könnte also zweifelsohne versuchen, meinen Ruf zu ändern, um auch in diesem Teich zu fischen, aber dann wäre ich nicht mehr authentisch, und das würde mich zu Tode langweilen. Ich liebe es nun mal, im Tanga durch die Straßen zu laufen und die Leute mit meiner freizügigen Art zu schocken. Das ist es, was ich will. Das ist es, was ich brauche und um was es mir geht. Es macht mir eben Spaß, mich in aller Öffentlichkeit zu präsentieren. Ich verstelle mich nicht. Das bin ich. Dass die meisten Firmen das nicht wollen, weil es ihnen zu anrüchig ist, kann ich verstehen, und so bleiben mir meist nur die Kooperationen mit Porno-seiten oder wenigen anderen mutigeren Firmen.

AUGEN AUF BEIM EIERKAUF!

… und hiermit meine ich Managertypen mitsamt ihren Ego-Eiern. Im Business sollte frau sich nämlich nicht verarschen oder unter-buttern lassen! Jemanden managen bedeutet schließlich nicht Zu-hälterei, sondern Zusammenarbeit. Ich habe diesbezüglich gute wie auch schlechte Erfahrungen gesammelt. Ganz zu Anfang mei-ner YouTube-Zeit lernte ich Aaron Troschke kennen, der ebenfalls ein YouTuber ist, es im Gegenteil zum Rest des dortigen Gesindels aber gut mit mir meinte. Wir kamen in Kontakt, als ich mit meinem Kanal etwa 10 000 Abonnenten hatte. Im Gegensatz zu all den bösen Hatern schrieb er mich freundlich an, dass ich ihm aufgefallen wäre und dass ich – wenn ich die Sache richtig angehen würde – sicher-lich gute Chancen hätte, auf YouTube sehr erfolgreich zu werden. Ich mochte ihn sofort, und so texteten wir eine Zeit lang hin und her und trafen uns, um gemeinsam Videos zu machen. Aaron war im Endeffekt derjenige, der mir erklärte, wie der YouTube-Zirkus lief, und der mir beibrachte, wie man an sich arbeiten muss, um ständig besser zu werden. Und das wurde ich. Als mein Kanal explodierte, fragte ich ihn, ob er Kontakte habe und mir einen Manager besorgen könne, woraufhin er sich in der Branche umhörte und sich Empfeh-lungen geben ließ. Kurze Zeit später traf ich mich mit einer kleinen Agentur, die aus zwei windigen Typen bestand. Das realisierte ich aber nicht sofort, da diese Vögel anfänglich sehr überzeugend einen auf seriös und professionell machten. Perfide malten sie mir in den schönsten Farben aus, wie viel Schotter ich mit ihnen bei den Clubauftritten scheffeln könne und dass ich mich um nichts mehr kümmern müsse. Geblendet von der schönen Schwafelei unterschrieb ich den Vertrag und vertraute ihnen fortan mein komplettes Business an. Was dann folgte, war ein Lehrstück in Sachen Augen auf beim Managerkauf! Ich hatte zu der Zeit noch keine eigenen Songs, wurde aber von diversen Clubs und Dorfdiskos für besagte »Meets & Greets« gebucht. Die Gagen, die ich dafür bekam, verhandelte jetzt aber meine neue Agentur, was dazu führte, dass ich keine Kontrolle mehr über die Details hatte, weil ich auch nie einen Vertrag sah. Ich vertraute ihnen. Wenn sie mir sagten, dass ich Summe X pro Auftritt erhalten hätte, war es in Wahrheit aber erheblich mehr. Auf ihr Anraten hin hatte ich nämlich zugestimmt, mich wie eine Angestellte monatlich auszahlen zu lassen, was es noch schwieriger machte, den Überblick zu behalten. Es dauerte also eine Weile, bis ich checkte, dass ich hier komplett verarscht und über den Tisch gezogen wurde. Ich erinnere mich noch an einen Monat im Winter, in welchem sie mir auf einmal gar nichts mehr auszahlten, obwohl ich wusste, dass »mein Konto« bei ihnen wegen diverser Auftritte hätte voll sein müssen. »Bitte, Leute, ich brauch die Kohle, ich kann keine Weihnachtsgeschenke kaufen«, flehte ich sie an, doch nichts passierte. Ich fühlte mich hintergangen, ausgenutzt und dreckig, was wiederum Aaron extrem leidtat, da er sich schlecht fühlte, diese linken Bazillen an mich vermittelt zu haben. Aber auch er hatte keine Ahnung, wie mies diese Jungs drauf waren, was ich ihm zu 100 Prozent glaubte. Mit Aarons Hilfe boxte ich mich anschließend aus dem fiesen Vertrag heraus und zeigte die Penner bei der Polizei an. Diese geschäftliche Ohrfeige wollte ich mir einfach nicht ungestraft geben lassen. Bis heute warte ich auf mein Geld, doch davon werde ich vermutlich nie wieder etwas sehen, da die Arschgeigen die Agentur im Anschluss wohl bewusst haben pleitegehen lassen.

Während ich nach diesem Betrüger-Desaster also managerlos meine Wunden leckte, schrieb mich eine junge Frau via Instagram an. Polly, so hieß das hübsche Ding, schmeichelte mir, dass sie mich unfassbar toll fände und alles dafür tun würde, mich einmal live treffen zu dürfen. Ich empfand ihre Komplimente als zuckersüßen Honig und ließ mich so verführen, sie zu einem meiner Auftritte einzuladen. Ich biss in den Apfel der Schlange, ohne es zu merken. Als ich Polly traf, war ich entzückt, denn alles an ihr passte. Optisch war sie genauso porno wie ich, aber auch menschlich verstanden wir uns auf Anhieb und verbrachten so viel Zeit wie möglich zusammen. Doch Polly gab es nur im Doppelpack, denn ihr Mann Axel, ein schwabbeliger, fetter Sack, klebte an ihr wie Pattex. Komischerweise tat er alles dafür, dass wir drei nun regelmäßig Zeit miteinander verbrachten. Nachträglich betrachtet war dieser Axel nicht nur übertrieben freundlich, sondern regelrecht aufdringlich in seinen Bemühungen. Er fuhr mich überallhin, bezahlte jede Essensrechnung, half mir mit jedem Scheiß, egal was es auch war. So kam es, dass wir immer häufiger zusammen chillten. Ich mochte die beiden und war dankbar, dass sie da waren, denn allzu viele Freunde konnte ich zu der Zeit nicht vorweisen. Irgendwann jedoch begann Axel, mich ständig zu nerven, dass ich doch bitte seine Frau auf Instagram markieren möge, damit sie mehr Follower bekäme. Ich fand es auffällig, wie hinterher er diesbezüglich war, aber da ich meine neue Freundin vergötterte, fand ich es okay, dass sie durch mich auf Instagram ebenfalls bekannt werden wollte. Innerhalb eines Dreivierteljahres schaffte ich es, Pollys Profil durch meine Markierungen von 1000 auf 100 000 Follower zu pimpen. Doch statt des Dankes gab es eine weitere Lektion zum Thema Gutgläubigkeit. Ich bemerkte nämlich leider viel zu spät, dass die zwei ein echtes Verbrecherduo waren, deren Plan es von Anfang an war, mich manipulativ einzulullen, um so im Anschluss leichtes Spiel bezüglich ihrer Geldabzocke zu haben. Axel wusste, wie sehr ich Polly mochte, und so fragte er mich eines Tages, ob er nicht mein Manager werden solle, denn wir würden uns ja jetzt schon so gut kennen. Ich fand das eine tolle Idee, zumal ich zu der Zeit gerade mit meinem Song »Doggy« steilging und jede Menge zu tun hatte. Die vielen Anfragen überforderten mich, ich brauchte tatsächlich Hilfe, und so stimmte ich freudig zu. Nun war es also Axel, der meine Clubauftritte managte. Da ich aber ein gebranntes Kind war, fing ich sofort damit an, die Gagen zu überprüfen. Als mir auffiel, dass hier und da Sachen nicht stimmig waren, bohrte ich bei Axel nach. Das gefiel ihm gar nicht und ich bemerkte, dass er statt Süßholz raspeln auch Gift spucken konnte. »Herzchen, du brauchst nicht schnüffeln, ich sage dir, ich bin so kriminell, dass du den Umfang gar nicht herausfinden willst«, gab er vor zu scherzen, meinte es aber bitterernst. Mir war das nicht geheuer, denn hinter seiner pseudoironischen Art sah ich Fragmente einer Fratze aufblitzen. Ich begann deshalb, die beiden genauer unter die Lupe zu nehmen. Polly war auffällig oft weg, obwohl sie – eigentlich – keinem offiziellen Beruf nachging, eine Tatsache, die mich eh schon länger stutzig machte. Als ich sie damit konfrontierte, gab sie zu, anschaffen zu gehen. Axel war nämlich nicht nur der Mann von Polly, sondern auch ihr Zuhälter. Ich war entsetzt, dieser Typ schickte tatsächlich seine eigene Ehefrau auf den Strich. Ich versuchte, nicht die Nerven zu verlieren, und beharrte auf Einsicht in die Verträge und Quittungen. Ich machte auch sonst deutlich, dass ich mit einigen Dingen so nicht einverstanden war. Meine Selbstbestimmtheit machte ihn rasend. Seine Maske fiel. »Du kleine Fotze, was denkst du, wer du bist?! Du machst das so, wie ich es dir sage, verstanden?!«, schrie er mich an. Schlagartig setzte bei mir der Fluchtreflex ein. Dadurch, dass mein Vater jahrelang so aggressiv rumschrie, reagiere ich diesbezüglich nämlich wie ein Reh im Lichtkegel. Wird jemand mir gegenüber laut, erstarre ich kurz, laufe dann aber so schnell es geht weg. Alles, was ich tat, war, Axel mahnend daran zu erinnern, dass ich zwei Brüder habe, die sich gerne mit ihm unterhalten würden, falls es Probleme gäbe. Dann war Ruhe. Einige Zeit später erzählte mir ein Bekannter, dass Axel wohl eingebuchtet worden war, er den Grund dafür aber nicht wüsste. Der Anlass ist mir herzlich egal, eine Postkarte werde ich so oder so nicht in den Knast schicken.

Meine Ratlosigkeit quälte mich. Ich war am Boden zerstört, wie konnte es nur dazu kommen, dass ich schon wieder auf die Nase fiel? War ich ein zu leichtes Opfer? Erlag ich meiner Sucht nach Schmeicheleien? Vermutlich war es exakt das. Auf wem stets rumgetrampelt wurde, der ist anfälliger für falsche Freunde. Ich schwor mir, nie wieder auf hinterhältige Personen hereinzufallen. Natürlich vertraue ich Menschen noch immer, auch im Business, aber eben nicht mehr blind. Ich lasse mir heute viel mehr Zeit, abzuwägen, ob es jemand gut meint mit mir oder nicht. Auch gegen das Einlullen mit Komplimenten bin ich mittlerweile immun. Ich fragte Aaron, ob er mich managen wolle. Bei ihm fühlte ich mich sicher, denn ich wusste, dass er kein Arschloch ist.

Es folgte eine wunderschöne, supercoole Zeit. Er nahm mich ernst, begegnete mir auf Augenhöhe und wir machten gechillt unser Ding. Aaron erwies sich als toller Manager, was YouTube anging. Irgendwann jedoch merkte ich, dass ich mehr wollte. Der Traum von einer echten, großen Musikkarriere ließ mich nicht los. Mir wurde klar, dass es jemanden brauchte, der in diesem Business der King ist. Mit Drilon, meinem heutigen Manager, habe ich genau diesen King gefunden. Drilon arbeitete schon mit Capital Bra zusammen und kennt die Hip-Hop-Szene besser als ich das Kamasutra. Die ehrliche und transparente Zusammenarbeit mit ihm gibt mir das Gefühl, im Business endlich angekommen zu sein.

VON FREIHEIT, FAME UND FRUST

Die Entwicklung, die mein Leben durch den YouTube-Hype durchlief, hinterließ natürlich nicht nur im Business, sondern auch privat Spuren. Je erfolgreicher ich wurde, desto komplizierter wurde es, normale Beziehungen aufzubauen. In mir kamen immer mehr Zweifel auf, ob neue »Freunde« oder Partner wirklich an mir interessiert waren oder eben nur an meinem Fame. Es war das leidige Lied aller Promis: Wer mag mich wirklich? Wer ist noch da, wenn mich niemand mehr kennt? Das hört sich abgedroschen an, aber es ist die Realität. Für Bekanntheit bezahlt man nicht nur mit Freiheit, sondern auch mit ewig rotierenden Zweifeln. Ich erinnere mich gern an ein Gespräch mit meinem Bruder. Damals jammerte ich ihm frustriert vor, dass ich durch meinen Fame weder gewöhnlich daten noch normal in ein Einkaufszentrum gehen könne, ohne dass mir Horden von schreienden Teenagern hinterherlaufen würden. Radek, der mein Bitchtum ja anfänglich missbilligt hatte, musste schmunzeln, weshalb ich ihm das Ausmaß noch deutlicher machte. Es ist nämlich wirklich absurd, da könnte ein krasser Hollywoodstar am Start sein, die Teenies von heute feiern den YouTuber, der danebensteht, hundertmal mehr. Ich beklagte mich, dass ich dadurch extrem eingeschränkt wäre und die Freiheit vermisste, unerkannt das zu tun, wonach mir gerade war. Was ich besonders traurig fand, war die Tatsache, dass, wenn ich jemanden traf, mich derjenige ja bereits »kannte« und sich somit auch schon seine Vorurteile zurechtgezimmert hatte. Mir war es also gar nicht möglich, jemanden zu daten, ohne dass dieser mich längst in eine Schublade gesteckt hatte – welche auch immer das war. »Egal was, alles im Leben hat seinen Preis!«, erklärte mir Radek und meinte damit, dass jede Medaille eben zwei Seiten hat. Je nach Blickwinkel, alles im Leben hätte seine Vor- und Nachteile. Da hatte er recht und ich fühlte mich geborgen durch seinen guten Rat. Heute habe ich mich mit der eingeschränkten Privatsphäre durchaus sehr versöhnlich abgefunden. Ich liebe meine Fans über alles und wenn ich down bin, lese ich mir oft alle lieben Nachrichten in meinem Postfach durch, was mich dann schlagartig wieder happy werden lässt. Nicht weil es Komplimente sind, sondern weil sie von Menschen kommen, die tolle Ansichten haben. Man mag es kaum glauben, aber neben den platten Sexangeboten gibt es nämlich tatsächlich auch extrem viele tolle, intelligente und tiefgründige Nachrichten, die ich bekomme. Es sind Mails, die mich dankbar werden lassen. Dankbar für so wunderbare, ehrliche Menschen, die teilweise genauso fühlen wie ich, die einen aufbauen und erden. Es hat sich so viel verändert im Vergleich zu der Zeit, in der ich nur Beleidigungen zugesandt bekommen habe. Einige Fans schreiben mir ihre Lebensgeschichte, bitten um Rat oder senden einfach nur Liebe, indem sie schreiben, dass sie mit dem ganzen Herzen hinter mir stehen.

Manchmal gibt es Tage, an denen ich trotzdem noch überlege, ob die Leute sich innerlich nicht doch über mich lustig machen, obwohl sie nette Nachrichten schreiben. Wenn man so viele Jahre ausschließlich Hass erntet, liebt man Anerkennung zwar, kann sie aber sehr schwer greifen. Besonders wenn man so wie ich schlechte Erfahrungen mit falscher Nettigkeit gemacht hat. Ich denke, dass ich diesbezüglich noch immer eine amtliche Psychomacke vorweisen kann. Eine mentale Fraktur, die offenbar nur sehr langsam zusammenwächst. Jedes

Mal wenn mich jemand nach einem Foto fragt, denke ich tatsächlich kurz darüber nach, ob das nicht vielleicht doch ein Undercover-Hater ist, der sich nur als Fan ausgibt. Dabei sind diese Personen unfassbar freundlich zu mir und können vor aufgeregtem Zittern kaum ihr Handy halten. Irgendwie grübele ich viel, was sicherlich mit den Wunden zu tun hat, die man mir während der Schulzeit zufügte. Diese Verletzungen haben mich – nachträglich betrachtet – zu einem wirklich sehr nachdenklichen Menschen werden lassen. Die Zuneigung, die ich heute von ehrlichen Fans erhalte, bedeutet mir deswegen alles. Eine echte, liebevolle »Beziehung« zu den Personen, die mir folgen und die mögen, was ich tue, ist etwas, was ich immer erreichen wollte. Es gibt Fans, mit denen schreibe ich deswegen extrem viel. Als ich vor Kurzem mit einer Freundin für ein paar Tage auf Mallorca war, habe ich mit einem Follower über Instagram die ganze Nacht lang über Gott und die Welt geschrieben, und zwar wortwörtlich, also tatsächlich über Gott und den Glauben daran. Das war schön, weil es mir egal war, wenn er davon Screenshots gemacht und gepostet hätte. Ich schreibe oft ehrlich, was ich denke, auch perverse Sachen, weil ich zu allem stehe, was ich mache. Ein angenehmer Vorteil meines Images übrigens: Ich habe keinen guten Ruf zu verlieren, weil ich nie einen hatte. Ich kann sein, wie ich bin, und das ist geil. Es gibt treue, sehr aktive Fans, die kennen mich radikal gut. Mit manchen von denen habe ich sogar WhatsApp-Gruppen, da ich oft meine Nummer rausgebe oder sie auch schon verlost habe. Das ist natürlich auch gefährlich, was den Beantwortungsumfang angeht, aber ich besitze wirklich nur diese eine Nummer und versuche allen irgendwie gerecht zu werden. Zumindest soweit es die Zeit zulässt. Vielleicht ist die Sache mit der Handynummer etwas naiv, aber da ich noch nie mit Stalkern zu tun hatte, bin ich da recht entspannt. Und wenn ich wirklich mal Privatsphäre haben will, dann fahre ich

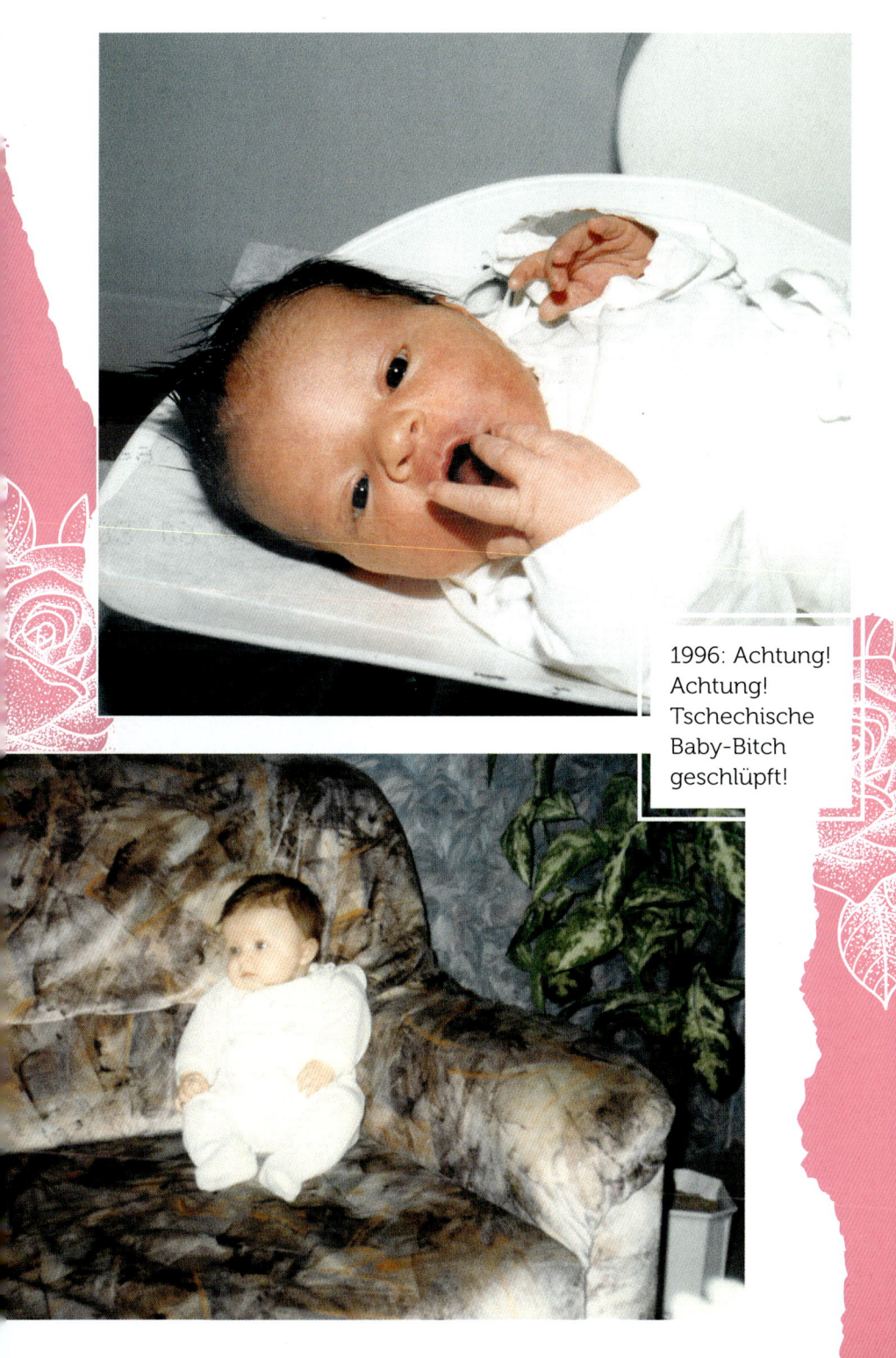

1996: Achtung! Achtung! Tschechische Baby-Bitch geschlüpft!

Happy Mini-Katja! ... als ich noch nicht ahnte, wie sehr sich diese glückliche Kleinkindwelt noch ändern sollte.

Ein Hoch auf alle großen Brüder!

Gechillt in Thomas' Armen

Knastbruder im wahrsten Sinne des Wortes. Hier besuchten wir Otto bei einem seiner Freigänge.

Was würde ich darum geben, dass Otto mich auch heute noch so zum Lachen bringen könnte.

Yo, was geht?! Bodyguard Radek!

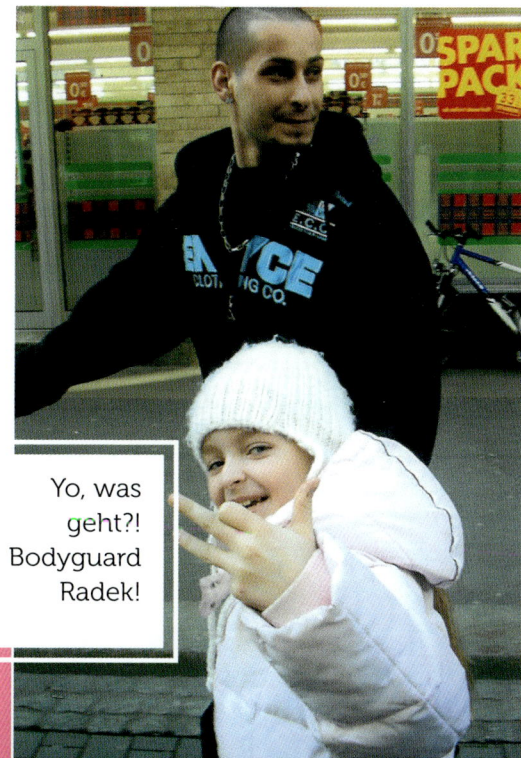

Meine Mama Jarka mit ihrer Jungs-
Gang: Thomas, Radek und Otto.

Weißes Pony statt
weißer Weste!
Noch sündenfrei
auf einem meiner
Pferdchen.

Queen of Schultüten! Als verwöhnte, kleine Prinzessin hatte ich natürlich die MEISTEN und SCHÖNSTEN!

Mein geliebter Fleckchen. Miau!

Fünfzehn Jahr, Socken im BH! Nur zwei meiner etlichen Facebook-Profilfotos.

Gib' den Hatern,
was sie wollen:
Lästerstoff!

2013: Siebzehn Jahr, Extentions im Haar! Mein pinkes Zimmerchen war Jahre lang mein »YouTube-Studio«.

Original

Fake

Nacktfotos von mir? Fehlanzeige! So dreißt werden meine Bilder im Netz bearbeitet.

Boss Bitch Tour 2020: Ich liebe meine Fans so krass! Ihr seid die BESTEN, Bitches!

Bossige Bettgeschichten!

Gib' dem Äffchen Zucker ... und Bananen!

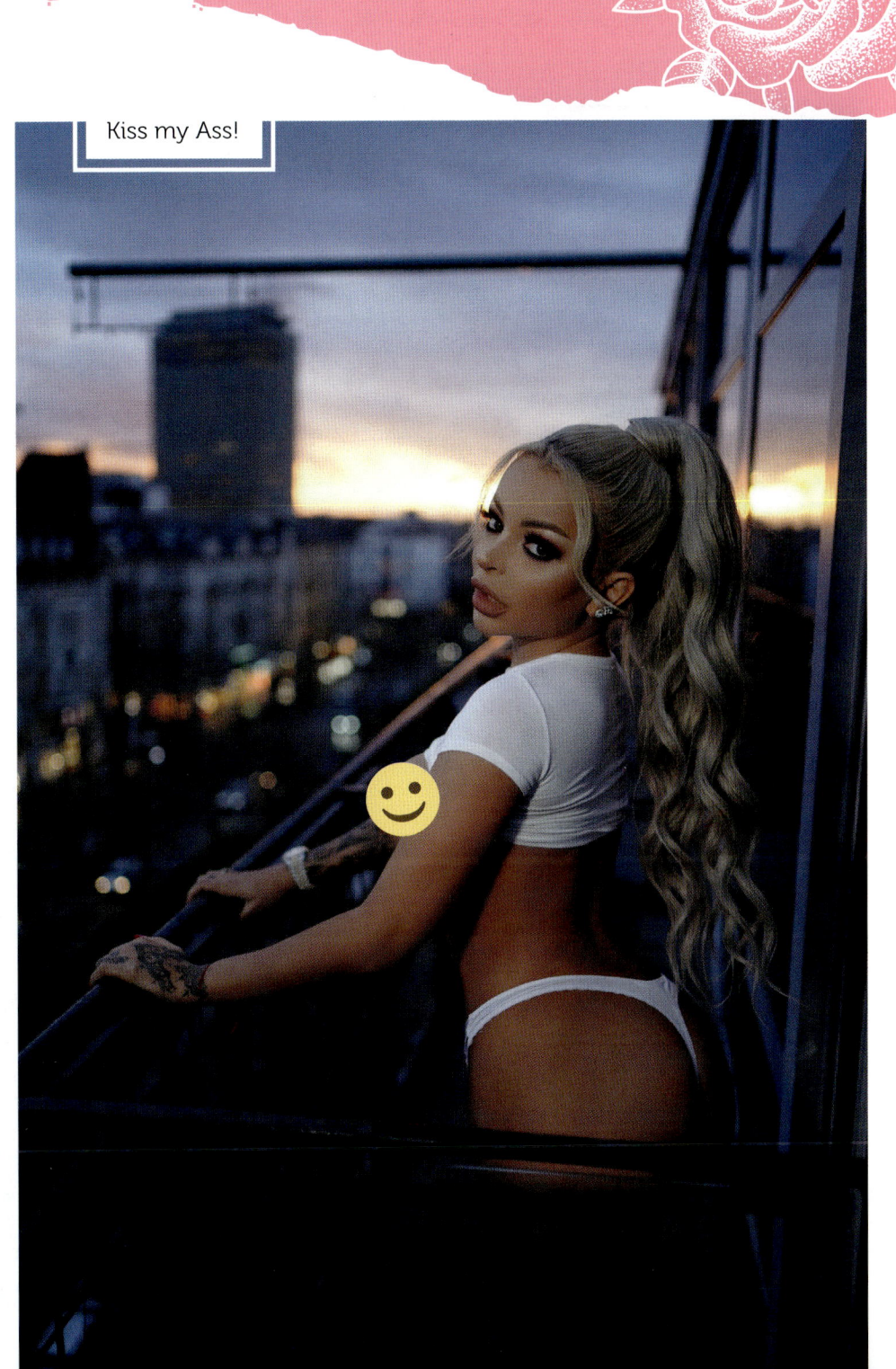

Kiss my Ass!

BO$$ BITCH

Katja
K R A S A V I C E

Meine erste kritzelige Ideen-
Skizze zur Deluxe-Box. Fett, was
am Ende dabei rausgekommen
ist! Ich liebe es, meine
eigenen Ideen umzusetzen!

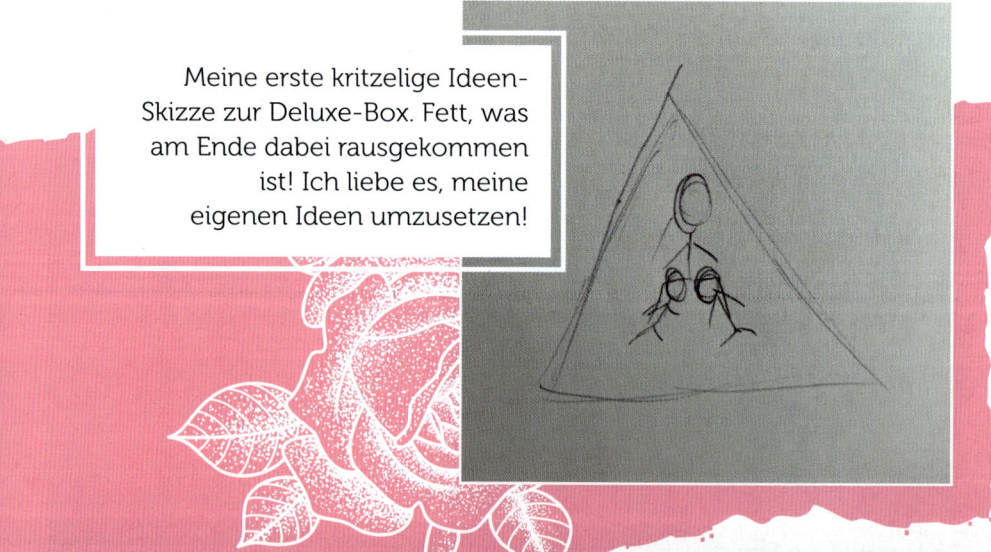

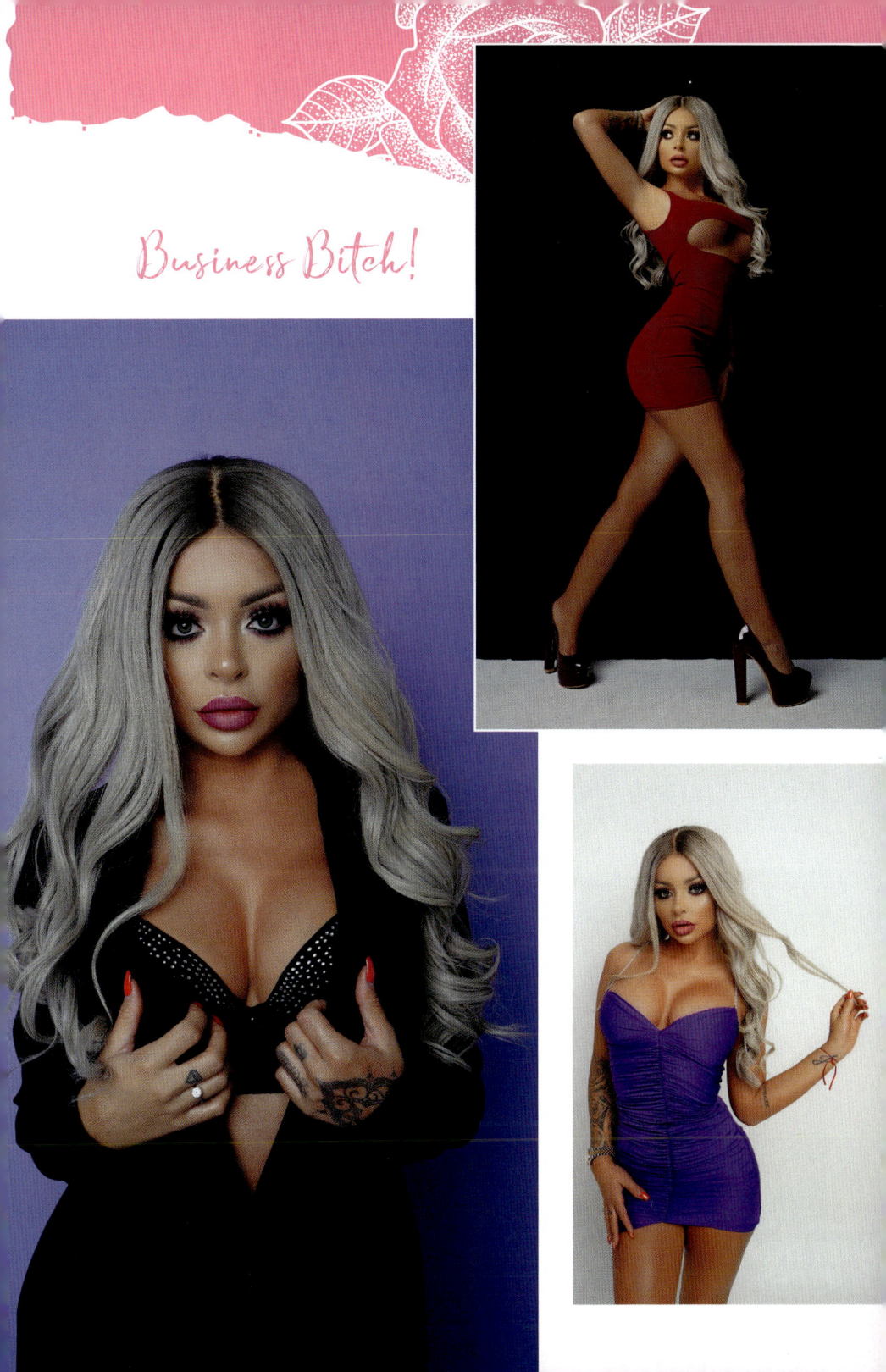

Business Bitch!

Immer feucht
und heiß! ...
auch im Bad.

für ein paar Tage nach Tschechien und chille. Dort hält man mich zwar wegen des Looks öfter mal für eine Edelnutte, aber erkennen tut mich keine Sau.

DEIN WILLE GESCHEHE

YouTube hat mich nicht nur berühmt gemacht, sondern vor allem stärker. Der schmerzhafte Sprung nach oben beflügelte meinen Ansporn, dem Ganzen Nachhaltigkeit zu verleihen. Durch meinen Erfolgswillen erkannte ich, dass ich kein Kurzzeit-Sternchen sein, sondern für immer am Firmament glühen wollte. Egal wie oft ich während dieser Zeit hinfiel, ich stand wieder auf. Mein Wille formte mich, zum Erfolg bedurfte es aber weit mehr als das, es brauchte Mut und Beharrlichkeit. Und genau das machte mich am Ende zu der einen, wahren Boss Bitch. Zu einer Person, die immer ehrlich ist, auch wenn sie dafür gehasst wird. Zu einer Frau, die ihr eigener Herr ist, die weder mit sich spielen lässt noch tut, was andere sagen. Zu einer Frau, die das Leben feiert, ohne sich für irgendetwas zu schämen. Aber allem voran machte es mich zu einer Business Bitch, die ihren Hatern die Augen öffnete, indem sie bewies, dass auch Andersartigkeit erfolgreich sein kann. Vergesst das niemals! Amen.

6. Gebot

JEDE BITCH STARTET ALS HEILIGE JUNGFRAU!

Mein Kampf an der Dosenöffnerfront

Breitbeinig saß ich auf dem Teppich. Untenrum nackt. Obenrum umringt von Jungs. Underground, O-Zone und die Jonas Brothers. Jeden einzelnen Quadratzentimeter meines Kinderzimmers hatte ich mit feuchten Teenieträumen tapeziert. Geklebte Boygroup-Bubis an den Wänden, so flach wie mein Brustkorb. Es war Frühling und ich zehn Jahre alt. Neben mir lag eine Hose, in mir eine Sonnenbrille und auf meinem Herzen eine Last. Verdammt, ich will, dass es reißt! Stückchen für Stückchen schob ich den Brillenbügel weiter in mich hinein. Vor, zurück, vor, zurück, irgendetwas pikste, dann gab ich auf. Was, wenn es doch widerlich wehtat?

Während meine Freundinnen noch an den Osterhasen glaubten, interessierte ich mich bereits für ganz andere Eier – und das, obwohl mich meine Mutter nie offiziell aufklärte. Fasziniert blätterte ich schon früh in den Pornoheften meines Bruders, wodurch ich rasant anatomisches

Wissen ansammelte. Ich kombinierte die Dinge, die ich sah, und kam so vom Höhlchen aufs Stöckchen. Die restlichen Geheimnisse über Pfläumchen, Nüsschen und Eicheln sammelte ich im Netz, denn in der Schule erzählte man uns im Aufklärungsunterricht tatsächlich noch etwas von »Schaut mal, hier die Bienchen und dort die Blümchen«. Weil mir das zu blöd war, hielt ich es für die klügste Idee, mich selbst aufzuklären, denn eins bemerkte ich sofort: Das Sexuelle, das war mein Ding! Alles daran faszinierte mich, und so wurde ich mit zehn Jahren bereits zum »theoretischen« Profi: vom Glied über den Samen, die Vagina, die Klitoris, das Jungfernhäutchen, die Periode bis hin zum Geschlechtsverkehr. Über alles war ich bestens im Bilde. Eine Tatsache, die mich aber auch belastete. Ich malte mir aus, wie schmerzhaft es wohl wäre, wenn beim Sex das Jungfernhäutchen reißt. Ein Gedanke, der mich völlig kirre machte. Unter keinen Umständen wollte ich beim ersten Mal schmerzverzerrt rumjammern und anschließend den Penis des Typen eklig vollbluten. Ich nahm mir deshalb vor, die Entjungferung selbst in die Hand zu nehmen. Darüber hinaus waren alle Jungs in meiner Klasse ohnehin noch in der »Ihhhh, Mädchen sind doof!«-Phase. Von denen hätte sich also niemand dazu bereit erklärt, diese Aufgabe zu übernehmen.

Wir wohnten damals noch in dem Mini-Kuhdorf, in unserem großen Haus. Dort hatte ich zwei Kinderzimmer. Eins davon war klein und anfänglich noch extrem kahl, da alle Möbel in meinem großen Zimmer standen. Um es trotz der Leere gemütlich zu machen, kleisterte ich alle *Bravo*-Poster dieser Welt an die Wände, hängte ein paar Lichterketten auf und legte einen kuscheligen, hochflorigen Teppich hinein. Fertig war meine Boygroup-Oase. Ich empfand diesen Raum als besten Ort für die Tat. Ich fühlte mich wohl in ihm und wusste, dass ich genau da entspannen würde. Fehlt nur noch das Tatwerkzeug, dachte ich, als mein Blick auf eine Sonnenbrille fiel, die wohl schon länger unbeachtet auf der Fensterbank herumlag. Rosarote Gläser, dünnes Gestell. Perfekt für mein Vorhaben, folgerte ich, schnappte mir das Teil und lief damit runter in die Küche. Ich schmiss den Teekocher an und übergoss die Brille mit kochend heißem Wasser, dann stellte ich sicher, dass niemand zu Hause war. »Haaaalllooo, hört mich jemand?«, rief ich mehrmals durchs Haus. Stille war die Antwort. Siegessicher tippelte ich mit dem Ding in der Hand die Treppe hoch, zurück in mein Zimmerchen. Tür zu, Hose aus. Breitbeinig hockte ich mich auf den Teppich und begann nun tatsächlich, mit dem Bügel der Brille meine Furche zu beackern, was gar nicht so einfach war. Ich hatte nämlich Schiss. So wie jemand, der sich zum ersten Mal eine Insulinspritze in den Bauch jagen muss. Ich traute mich nicht, den Bügel bis zum Anschlag reinzuschieben. Im Schneckentempo arbeitete ich mich also ganz vorsichtig nach innen vor: erst zwei Zentimeter, dann drei Zentimeter, dann wieder zurück und vor. Doch nichts passierte. Ich muss dort ewig gesessen haben, denn es dämmerte bereits, als ich von mir selbst abließ. Keine dieser Bewegungen fühlte sich übrigens schön oder gut an, aber es ging mir auch nicht darum, mich selbst zu befriedigen, sondern ich wollte das verdammte Jungfernhäutchen durchtrennen. Nicht umsonst hatte ich mich für die Sonnenbrille entschieden, da ich mir sicher war, dass der spitze lange Bügel das Häutchen durchbohren würde. Wäre ich auf ein gutes Gefühl aus gewesen, hätte ich vermutlich eine Banane genommen. Aber das war ja affig.

In den darauffolgenden Wochen gab es nur mich und meine rosarote Sonnenbrille. Immer wieder schloss ich mich in mein Zimmer ein und versuchte den Status »Jungfrau« endlich loszuwerden. Vergeblich, denn ich sah weder Rot noch Rosa. Sosehr ich mich auch bemühte, von Blut keine Spur. Nicht mal der kleinste aller kleinen Tropfen floss mir den Schenkel entlang. Frustriert legte ich die Brille zurück auf die Fensterbank. Soll sie da doch trocken verrotten, dachte ich verärgert und ging schlafen. Die Erleuchtung überkam mich am nächsten Morgen: Fleck-chen! Liebevoll streichelte ich mein dreckiges kleines Lieblingsspiel-zeug, während ich es von allen Seiten begutachtete. Fleckchen ist eine mit Kunstfell überzogene Spielzeugkatze, die ich besitze, seit ich den-ken kann. Ihr biegsamer, aber gleichzeitig harter Schwanz ist lang und mit Kugeln gefüllt. Sofort war ich mir sicher: Wenn es jemand schaffen würde, die Auster zu knacken, dann Fleckchen! Zögerlich schaute ich dem Kater in die Augen und überlegte, ob ich ihm das antun könnte. Ich fühlte mich plötzlich so schmuddelig wie Fleckchens Fell. Es hört sich lächerlich an, aber ich habe bis heute zu dieser Spielzeugkatze eine tiefe emotionale Bindung, die ich damals auf keinen Fall durch eine überrumpelnde »Vergewaltigung« gefährden wollte. Das süße Ding hätte sich benutzt gefühlt. Also wägte ich ab, ob ich mir die Mu-schi tatsächlich in die Muschi schieben könnte – beziehungsweise den Schwanz der Muschi. Ich weiß nicht mehr, wie oder wodurch, aber Fleckchen gab mir schließlich sein Okay. Das Spiel begann von vorn: Tür zu, Hose runter, Spielzeug rein. Im Vergleich zur Brille fühlte sich Fleckchens Schwanz zwar deutlich angenehmer an, aber auch mit ihm konnte ich – trotz vieler Versuche – keinen durchbrechenden Erfolg verbuchen. Es war zwecklos, verzweifelt gab ich auf. Sollte man übri-gens jemals von mir DNA-Spuren benötigen, in Fleckchens Fell wür-den sich sicherlich ein paar vertrocknete Klümpchen finden lassen.

MEIN TRAUMPRINZ UND DIE ZWEI ARSCHGEIGEN

Ich verliebte mich zum allerersten Mal in einen Jungen, als ich zwölf Jahre alt war. Wir waren ein paar Monate zuvor nach Leipzig gezogen, als mich Felix über das Portal Schüler-VZ kontaktierte und fragte,

ob wir uns nicht mal daten wollten. Bereits bei unserem ersten Aufeinandertreffen war ich hin und weg. Felix spielte Fußball, hatte ein
wunderschönes Gesicht, tolle Haare, war saucool und hatte sogar etwas
in der Birne, was er mir in etlichen Gesprächen bewies. Es begann eine
tolle Zeit mit ihm, in der wir uns oft sahen, ohne dass jedoch irgendetwas im Bett passierte, weil wir stundenlang redeten oder einfach nur
zusammen chillten. Bei jedem dieser Treffen war er respektvoll und lieb
und vor allen Dingen gab er mir das Gefühl, sich wirklich für mich zu
interessieren. Doch mit der Zeit änderte sich das. Es fing damit an,
dass er immer häufiger zu spät kam, wenn wir verabredet waren, oder
andersherum, dass er schnell wieder ging, wenn wir uns sahen, weil er
angeblich noch zu seiner Mutter oder zum Sport müsse. Auch seine
SMS wurden stetig weniger. Besorgt hörte ich mich um und erfuhr,
dass er auch andere Mädchen traf, was mich verletzte, weil ich mir
so sicher war, dass das zwischen ihm und mir etwas Besonderes war.
Klar, mir war bewusst, dass er wegen seiner Coolness und des guten
Aussehens bei den Mädels beliebt war und alle auf ihn standen, aber
niemals hätte ich gedacht, dass er sich anderweitig umguckte. Ich liebte
diesen Typen über alles, doch meine große Liebe sollte enden, bevor
sie überhaupt richtig anfing. Ich weiß noch, wie ich mit Bergen von
Klamotten auf dem Arm in einem H&M stand und auf eine freie Um-
kleidekabine wartete, als er anrief.

»Katja … Felix hier, hör zu, ich muss das zwischen uns beenden.«

»Hä? Was meinst du damit? Was ist los?«

»Tut mir leid, aber ich kann das nicht, dein Ruf als Flittchen ist
unfassbar peinlich!«

»Aber ich hab doch gar nichts gemacht. Können wir uns treffen
und darüber reden?«

»Es hat keinen Sinn, ich kann mich mit dir nicht blicken lassen,
akzeptiere das bitte, mach's gut!«

Dann legte er auf. Ich rang nach Luft. Hatte er wirklich gerade gesagt, dass mein Ruf in Leipzig so nuttig war, dass es ihm peinlich wäre, mit mir, dem Flittchen, abzuhängen?! Ich konnte es nicht fassen. Dabei war ich doch noch Jungfrau. Völlig von der Rolle rannte ich in die Garderobe, schmiss die Klamotten auf den Boden und heulte mir auf einem Hocker kauernd die Augen aus dem Kopf. Dieser Motherfucker hatte mir soeben das Herz gebrochen. Dabei wollte ich nichts sehnlicher, als dass er Fleckchens Versagen wiedergutmachte. Er war doch der Auserkorene. Mein herbeigesehnter Dosenöffner. Mein Ein und Alles. Doch dieser Traum zerplatzte im grellen Licht einer billigen Modekettenfiliale.

Entzaubert bis in die letzte Pore meines Körpers saß ich bedröppelt in unserem Wohnzimmer. Das Einzige, was strahlte, war der Stoff des gelben Sofas. Ich fühlte mich grau und leer, dabei waren seit der Geschichte bereits ein paar Wochen vergangen und ich war mittlerweile 13. So konnte es nicht weitergehen. Wenn man mir schon einen Schlampenstempel aufdrückte, dann doch bitte mit Grund, dachte ich trotzig und schaute mal wieder in mein Schüler-VZ-Postfach. Dort sah ich eine Nachricht von einem Armenier, der mir ganz okay schien. Er musste so um die 17, 18 sein. Offensichtlich stand er auf meine freizügigen Bilder, denn ohne um den heißen Brei herumzureden, fragte er mich nach einem Date und ich willigte ein. Rückblickend wahnsinnig naiv, sich sofort in ein Treffen reinquatschen zu lassen, obwohl ich den Typen überhaupt noch nicht kannte. Heute würde ich nicht im Traum daran denken, mich so schnell klarmachen zu lassen. Die Einzige, die heutzutage die Ansagen macht, bin nämlich ich selbst. Damals aber war ich die fleischgewordene Naivität, die einfach nur keine Jungfrau mehr sein wollte. Ich traf mich mit dem Armenier in Leipzig am Hauptbahnhof. Romantik pur. Das Ganze war eine völlig schräge Situation, da der Typ noch einen Kumpel mitbrachte, der aber kein Wort sagte. Da standen wir nun zu dritt draußen in der Kälte und zogen dämlich an unseren Zigaretten beziehungsweise tat ich nur so, als ob ich inhalieren würde, was trotzdem dazu führte, dass mir schlecht wurde. Ich war damals noch keine echte Raucherin, das Auf-Backe-Qualmen hatte ich mir – wie schon erwähnt – kurze Zeit vorher in der Schule angewöhnt, um cool zu wirken. Cool war allerdings niemand von uns. Peinlich berührt dampfte ich im wahrsten Sinne des Wortes anschließend wieder ab. Mir war kalt und alles zu doof. Doch der Armenier ließ nicht locker, zuckersüß bombardierte er mich danach mit Nachrichten, dass ich seine Traumfrau wäre und er sich über alles verliebt hätte. Während der Zigarettenlänge?, dachte ich verdutzt, freute mich dann aber doch über die Liebesbekundung. Ich weiß nicht, vermutlich war ich noch immer so verletzt von Felix' Zurückweisung, dass dieser Armenier mit seiner platten Vollsäuseltour leichtes Spiel hatte. Ich fand die Vorstellung cool, endlich einen richtigen Freund zu haben, und war happy über seine netten Worte. Wir fingen daraufhin an, über ein paar Tage hinweg oft und lange zu telefonieren. »Ich liebe dich!«, sagte er an Tag drei und fragte, ob wir uns wieder am Hauptbahnhof sehen wollten. Mein Herz hüpfte, als wir uns am Bahnhof vor dem McDonald's trafen. Nicht weil ich verliebt war, sondern weil ich dachte, dass er womöglich der glückliche Entjungferer sein könnte. Dummerweise kam er aber wieder nicht allein. Diesmal stand ein schmächtiger Lappen neben ihm, der nur »der Grieche« genannt wurde. Heute gesehen waren die beiden Typen echter Abschaum. Beim Gedanken daran möchte ich vor Scham noch immer im Erdboden versinken. Aber ich will nichts schönreden, es war so und ich stehe dazu.

Irritiert begrüßte ich die zwei und bemerkte, dass sie gestresst wirkten. »Ja also, dann lass mal losziehen«, sagte der Armenier, dabei wusste ich gar nicht, wohin. Wir stiegen in die Straßenbahn und fuhren ein paar Haltestellen, bis wir direkt vor einem griechischen Restaurant anhielten und dort die Bahn verließen. Die Eltern des Griechen betrieben eine Gastwirtschaft und wohnten mitsamt ihrer gefühlt 25 Kopf großen Familie über dem Lokal. Mehr Klischee ging nicht. Es wäre doch chillig, ein bisschen bei ihm im Zimmer abzuhängen, meinte der Grieche und führte uns nach oben in die Wohnung. Als wir Hallo sagten, hockten im Wohnzimmer und in der Küche überall irgendwelche Cousinen, Schwestern und Tanten. Sie winkten kurz, aber niemanden schien es zu interessieren, wer das blonde Mädchen war noch warum es da stand. Das Zimmer des Griechen war länglich und extrem klein. Alles dort war kahl, bis auf einen Schreibtisch, ein Bett und ein Regal, was eben die anderen zwei Möbelstücke voneinander trennte. Entsetzt betrachtete ich die vergilbte Raufasertapete, an der exakt nichts hing außer einem rostigen Nagel. Vermutlich hing er da schon Jahre einsam vor sich hin und sollte gleich Zeuge eines sonderbaren Intermezzos werden. Unsicher setzte ich mich aufs Bett, obwohl alles in mir eigentlich wieder gehen wollte, denn dieser Raum hatte den Charme einer Gefängniszelle. Doch weil ich nicht rumzicken wollte, blieb ich sitzen, während die beiden am Schreibtisch eine Shisha rauchten. Nach einer Weile pflanzte sich der Armenier, von dem ich dachte, dass er nun mein mich liebender Freund sei, zu mir aufs Bett und fragte, ob ich nicht mal näher kommen möge. Ehe ich reagieren konnte, zog er mich auf seinen Schoß und begann, mich zu küssen. Das gefiel mir. Irgendwie löste es die verkrampfte Stimmung und gab mir das Gefühl, begehrt zu werden. Es war der Augenblick, in welchem ich zum allerersten Mal realisierte, wie es sich anfühlt, wenn ein Mann einen Steifen bekommt. Das war für mich ein so dermaßen seltsames Gefühl, das ich sogar heute noch darüber nachdenken muss, wie creepy das war. Die Metamorphose von weich zu hart war irre. Während er mich küsste, schien ihm richtig einer abzugehen, denn ich bemerkte, dass er wild an meiner Hose rumfummelte, um die Jeans Richtung Kniekehlen zu schieben. An meine Brüste durfte er nicht, denn ich hatte damals dermaßen Komplexe, was die nicht vorhandenen Tittis anging, dass ich mich niemals obenrum ausgezogen hätte. Nicht mal an den ausgestopften Push-up-BH durfte er ran, da ich befürchtete, dass ihm dann sofort der Busenbetrug auffallen würde. Der Grieche saß derweil am Schreibtisch und fummelte auch, aber zum Glück nur an seinem Handy. Ich versuchte ihn auszublenden und nahm mir dummerweise vor, jetzt einfach schnell mein erstes Mal durchzuziehen. Nicht weil ich geil war oder die Situation schön fand, sondern nur weil ich dachte, dass es eine gute Idee wäre, die Gelegenheit beim Schopf oder eben besser gesagt beim Schwanz zu packen und es endlich hinter mich zu bringen. Inzwischen hatte »mein Freund« auch seine Hose geöffnet und ein dicker, knallharter Penis sprang mir entgegen.

Was dann folgte, war abgefahren und erbärmlich zugleich. Während ich wie ein kalter, toter Fisch dalag und hoffte, dass es schnell vorbeiging, rödelte der Armenier auf mir herum. Ich kniff die Augen zusammen und versuchte krampfhaft, die Luft anzuhalten, da ich ahnte, dass er gleich drin sein und es dann verdammt wehtun würde. Doch nichts passierte, denn er kam nicht rein, da sein erigierter Penis zu groß für mein jungfräuliches Becken war. Panisch rollte ich mich auf den Bauch, griff mir wie ferngesteuert an den Po und zog die Arschbacken auseinander. »Schieb mal lieber hinten rein«, flüsterte ich ihm zu. In meinem naiven Hirn ging ich davon aus, dass Analverkehr weniger wehtäte, als vorneherum entjungfert zu werden. Dieses Angebot ließ sich der Armenier nicht zweimal sagen und fing an, mich backstage begatten zu wollen. Wieder versuchte ich krampfhaft, mich zu entspannen, doch meine Rosette kniff sich zu einem Mini-Donut zusammen. Auch dort hatte er keine Chance hineinzukommen. Ich drehte mich um, als ich sah, dass nun auch der Grieche nackt und mit einem Steifen in der Hand hinter mir stand. »Lass mich mal ran, ich hab 'nen kleineren Pimmel«, grinste er trocken, während er mir aufs Arschloch spuckte. Dann schob er den Armenier beiseite und seinen Penis in mich hinein. Natürlich tat das weh und ich verspürte alles, nur keine Lust, aber ich ließ es – aus mir heute unerklärlichen Gründen – über mich ergehen. Vermutlich lag es an seiner Herkunft, denn der Grieche ging ab, als ob Analverkehr sein lang ersehnter Traum wäre. Er stöhnte wie ein röhrender Hirsch, als er kam, was den Armenier daneben besonders anzugeilen schien. Breitbeinig stand er da und wichste sich die Kuppe wund, während ich teilnahmslos auf die Wand starrte. Da ist er ja wieder, der rostige Nagel, dachte ich und überlegte, ab wann im Leben das Nageln wohl Spaß machen würde. Dann war es endlich vorbei. Als ich mir die Jeans hochzog, bemerkte ich, wie der Grieche mich filmte und belustigt rief: »Hahaha, schaut sie euch an, die kleine gefickte Schlampe!« Wutentbrannt schlug ich ihm das Handy aus der Hand und fauchte, was die Scheiße solle und warum er so etwas tun würde. »Chill mal, Kleine, war ja nur Spaß!«, versuchte er mich zu beruhigen und die Sache kleinzureden. Ich war so unfassbar sauer, dass ich zusah, wie er das verdammte Video sofort wieder löschte. Wohl die einzig schlaue Aktion, die ich an diesem Tage zustande brachte. Um sich nach dem Ausrutscher einzuschleimen, begleiteten die zwei mich runter zur Haltestelle. Es war bitterkalt, weswegen wir uns ins Restaurant setzten, um dort auf die Bahn zu warten. »Bringt uns mal drei Gyrosteller!«, rief der Grieche in die Küche, wo vermutlich seine Eltern am Herd brutschelten. Nein danke, mir war der Appetit vergangen. Nie wieder freute ich mich derart über das Erblicken einer Straßenbahn. Hauptsache, weg dort. Ich weiß noch, wie ich anschließend am Hauptbahnhof apathisch durch die Shops schlenderte, um die Geschichte sacken zu lassen. So konnte ich nicht nach Hause, meine Mutter hätte mir angesehen, dass es mir nicht gut ging. Ich fühlte mich oll und hatte Angst, dass der Grieche das Video doch irgendwie wiederherstellen könnte, um es dann hämisch zu verbreiten. Traurig realisierte ich, dass mein erstes Mal nicht nur im Arsch, sondern vor allen Dingen für'n Arsch war. Ein Dreier aus dem Land des Abschaums.

Ein paar Tage später klingelte mein Telefon, es war der Armenier. »Baby, na, was geht ab? Wollen wir uns treffen?«

»Hmmm … *ich weiß nicht so recht.*«

»Ach, komm schon, ich hab hier vier, fünf Freunde, die schon ganz heiß darauf sind, mit dir abzuhängen!«

»Alter, ganz ehrlich, leck mich, ich scheiß auf dich! Ciaooo!« Danach hörte ich glücklicherweise nie wieder von ihm.

WIE EIN FELDJÄGER MIR DIE BÜCHSE ÖFFNETE

Es vergingen ein paar Wochen, bis ich endlich wieder jemanden kennenlernte, der kein Idiot zu sein schien. Auch wenn ich wusste, dass er über 18 war und sich somit nicht mit mir hätte einlassen dürfen. Da wir aber eine Zeit lang sehr respektvoll und nett miteinander schrieben und auch viel telefonierten, stimmte ich irgendwann doch einem Date zu. Dieser recht gut gebaute blonde Typ war bei der Bundeswehr, was ich sexy fand. An den Wochenenden wohnte »mein Soldat« aber noch bei den Eltern, wo ich ihn dann auch zum ersten Mal besuchte. Wir machten es uns in seinem riesigen, gemütlichen Zimmer bequem, kuschelten uns aneinander und schauten –

passenderweise – eine Kriegsdoku im TV. Man mag es nicht direkt vermuten, aber ich steh drauf, Dokumentationen anzuschauen und im Anschluss darüber zu philosophieren; und genau das taten wir, was mir gefiel. Ich fühlte mich wohl. Bei ihm und vor allen Dingen in meiner Haut. Irgendwann fing er an, mich zu streicheln und zu küssen, und so kam es, dass wir am Ende Geschlechtsverkehr hatten. Das alles war so extrem neu für mich, dass ich den Sex nicht genießen konnte, zumal er auch schon wieder vorbei war, ehe ich mir Gedanken über meinen Gemütszustand machen konnte. Mein Soldat hatte nämlich sein Gewehr nicht unter Kontrolle und feuerte bereits nach zwei Minuten seine gesamte Munition ab. Ich erinnere mich an einen kurzen, stechenden Schmerz, dann zog er raus und kam auf meinem Bauch. Verdutzt guckte ich an mir herunter, während ich mit den Fingern über die klebrig-glitschige Masse strich. So fühlt sich also Sperma an, dachte ich und bemerkte dabei gar nicht, dass mir Blut die Beine entlanglief. »Hast du deine Tage?«, hörte ich ihn fragen und erschrak. Ja, ja, genau, meine Regel, voll nervig, log ich ihn an und schrie innerlich vor Glück. Mein ausgiebiger Kampf an der Dosenöffnerfront war vollbracht, ich war nun keine Jungfrau mehr und konnte es kaum abwarten, Fleckchen davon zu erzählen. Meine Freude darüber war so groß, dass ich den schlechten Sex, der dafür verantwortlich war, als nicht dramatisch einstufte. Alles, was zählte, war das Ergebnis, und so verabschiedete ich mich in dem Wissen, dass mein Soldat seinen Wehrdienst bei mir geleistet hatte und nun gerne weiterziehen durfte. Während er also weiter für den Krieg trainierte, feierte ich meinen inneren Frieden.

Es vergingen fünf Jahre, bis ich ihn zufälligerweise wieder traf. Meine Brüste waren frisch vergrößert und ich wollte es nicht versäumen, ihm diese zu präsentieren. Darüber hinaus musste ich unbedingt überprüfen, ob er tatsächlich so schlecht im Bett war, wie ich es empfunden hatte, oder ob ich es war, die wegen der Unerfahrenheit nicht rockte. Ohne groß drum herumzureden, schleppte ich den Soldaten mit zu mir nach Hause und gab ihm das Kommando, strammzustehen und abzuliefern. Was dann folgte, war eher ein Einschlafritual. Ich rollte genervt mit den Augen. Jemanden anständig wegzuknallen, hatte er während der militärischen Ausbildung definitiv nicht gelernt. »Er war stets bemüht«, hätte wohl in seinem Zeugnis gestanden, wenn ich befragt worden wäre. Immerhin realisierte ich zufrieden, dass Sex für mich damals zwar Neuland gewesen war, ich das Vögeln – im Gegensatz zum Soldaten – aber schon verstanden hatte. Da ich keine Lust auf weitere lahme Nummern hatte, schickte ich ihn erneut an die Front, nur nicht an meine. Feuer frei für jemand anderen!

GIB MIR DEINEN PINSEL UND ICH TAUCHE IHN ZUM ERSTEN MAL IN FARBE

Nach dem wenig euphorisierenden Verlust meiner sexuellen Unschuld nahm ich mir in den darauffolgenden Jahren vor, es umgekehrt besser zu machen. Ich wollte den jungen Männern ersparen, was ich erlebt hatte, und entwickelte so meinen ersten krassen Fetisch: Kerle entjungfern, und zwar so, dass sie etwas lernten und für immer davon schwärmten! Ich liebte es, den unbefleckten Unschuldslämmern Vergnügen zu bereiten, indem ich ihnen zeigte, wie das Bumsbunny lief. Zudem reizte es mich, sie zittern zu sehen und zu wissen, dass sie jede meiner Bewegungen abfeierten wie die einer Queen. Ehrfürchtig hingen sie reihenweise an meinen Lippen, und so kam es, dass mir ihre Dankbarkeit stets ein Gefühl von innerer Zufriedenheit und Coolness gab. Zu wissen, dass die sexuellen Nonchecker ein Leben lang an dieses erste Mal mit mir denken würden, befriedigte mich maximal, auch wenn ich selbst nie kam, weil die Jungs eben ihren Pinsel noch nicht im Griff hatten. Ich entsinne mich nicht, wie viele Männer ich in diesem Zuge schon zu kleinen Picassos machte, aber es waren eine Menge. Es gibt etliche Typen, die mit 16 oder 17 noch Jungfrau sind, und genau die nahm ich mir ALLE vor. Teilweise so forsch, dass die Jungs anschließend von Mami oder Papi Kontaktverbot zu mir erteilt bekamen.

Besonders in Erinnerung blieb mir einer, den ich so wegfegte, dass er danach nie wieder mit einer anderen Frau schlafen wollte. Besagter Vögelfrischling war 16 Jahre alt und wohnte bei seiner Mutter in der Nähe eines Shoppingcenters in Leipzig. Wir verstanden uns gut, und so fuhr ich eines Tages mit gepackten Sachen an einem Wochenende zu ihm, um dort zu übernachten. Seine Mutter wirkte wenig begeistert, als sie mich sah, bemühte sich aber – ihrem Sohn zuliebe –, freundlich zu sein. Statt gefakt auf nettes Mädel von nebenan zu machen, hielt ich es für die bessere Idee, mich lieber direkt in sein Jugendzimmer zu verkrümeln. Dort hatten wir sofort Sex, nicht weil ich mir seiner Jungfräulichkeit bewusst war, sondern weil mich das eventuelle »Erwischtwerden« angeilte. Der arme Kerl war allerdings dermaßen von der Rolle, dass er zuerst keinen hochbekam. Statt mich davon aus der Ruhe bringen zu lassen, packte ich angespornt alle meine sexuellen Skills aus und machte so aus dem schlappen Würstchen ratzfatz doch noch eine Latte. Ein steifes Glied, mit dem er aber nicht umgehen konnte, was mich etwas stutzig machte. War er etwa gar nicht nervös wegen seiner Mutter, sondern weil er dabei war, die Unschuld zu verlieren? Als sich diese Vermutung bestätigte, da er es selbst heraushaute, gab es für mich kein Halten mehr. Angeturnt zeigte ich ihm, wo der Hammer hing beziehungsweise wo er ihn am besten hinzuhängen hatte. Jeden meiner Ratschläge befolgte er brav, in Glückseligkeit schwelgend, bis zum Höhepunkt. »Wie soll jemals eine andere Frau an diesen Sex herankommen? Nie wieder soll eine andere an meinen Pimmel«, säuselte er mir beim Einschlafen naiv ins Ohr und ließ mich auch die darauffolgenden Tage ständig wissen, dass wir das unbedingt wiederholen müssten. Dummerweise grätschte ihm seine Mutter dazwischen, die wohl den Lautstärkepegel mitbekommen hatte. Traurig schrieb er mir, dass seine Mutter völlig entsetzt gewesen sei, dass er sich eine Pornodarstellerin nach Hause bestellt hatte, und er deswegen gezwungen sei, den Kontakt zu mir abzubrechen. Danach ging er tatsächlich nie wieder ans Telefon, weil Muddi es ihm schlichtweg verboten hatte. Ähnliches passierte mir mit einem anderen Jungen, dessen Vater ihm ebenfalls den Kontakt zu mir untersagte. Dieser Daddy merkte schon nach Sekunde eins, dass dort nicht die zukünftige Schwiegertochter stand, sondern eine schwanzlutschende Unschuldsjägerin. Peng! Erneut wurde ich abgeschossen! Nicht jedoch bevor ich erfolgreich gewildert hatte.

Ein anderes Mal entjungferte ich einen Türken im Freien. Mein schwuler Freund Max brachte diesen Typen mit zum Baggersee. Das nahm ich wortwörtlich und begann, den Kerl direkt anzuflirten. Chillend und trinkend verbrachten wir den gesamten Nachmittag am Strand, bis wir gegen Abend ordentlich knülle in den Bus stolperten. Als wir von dort in die Straßenbahn umstiegen, wurde es immer geselliger. Es dämmerte bereits, aber draußen war es noch warm, und so beschlossen wir, statt nach Hause zu gehen, mit unseren lauwarmen Tetra Paks voll Wein in der Bahn sitzen zu bleiben. »Ey, ich hab übrigens zwei Kondome mit, einmal Erdbeer- und einmal Bananengeschmack«, verkündete mein angetrunkenes Zielobjekt wie aus dem

Nichts. Na, die würde ich aber gerne mal probieren, erwiderte ich lässig, was ihn verdammt überraschte. Es schien, als ob er sein Glück kaum fassen könnte. Bis über beide Ohren grinsend saß er da und klimperte mit seinen anatolischen Wimpern, als plötzlich die Lautsprecheransage ertönte: »Endstation Messe Leipzig«, dann hielt die Bahn. Wir stiegen aus, woraufhin mein schwuler Kumpel sofort die Lage checkte und uns mitteilte, dass er mal für kleine Muschimäuse müsse, dann verschwand er im Gebüsch. Die Gegend an der Endhaltestelle ist abends menschenleer, sodass es leicht war, ein passendes Plätzchen zu finden. Entschlossen zog ich meinen »Fruit Boy« mitsamt seiner Kondome auf eine Parkbank ohne Lehne, woraufhin er mir direkt verriet, dass er noch Jungfrau sei. Das Triggerwort war gefallen und ich on fire. Hastig schubste ich seinen Oberkörper nach hinten, öffnete die Hose und holte den Penis heraus. Nervös lag er auf dem Rücken, starrte in den Sternenhimmel und harrte gespannt der Dinge, die da kommen mochten. Um ihn ordentlich in Fahrt zu bringen, wichste ich ihm zuerst den spuckeverschmierten Schwanz hart. Anschließend fummelte ich das Erdbeergummi drüber und lutschte dann ausgiebig an seinem Fruchtlolli. Ich bemerkte, wie er stöhnte und nicht genug davon zu kriegen schien. »Mach weiter!«, bettelte er sehnsüchtig, dabei lag das Beste ja noch vor ihm. Mit einem Handgriff zog ich meinen Rock hoch und den darunterliegenden Slip etwas zur Seite, während ich auf ihn stieg und sein Glied direkt in mich hineinflutschte. »Fuck me if you can!«, befahl ich ihm, dann ritt ich seine Banane, als gäbe es kein Morgen. Ich bin mir sicher, dass er für immer mit Freuden daran zurückdenken wird, und genau das beseelt mich. Bei keiner der männlichen Entjungferungen fühlte ich mich billig oder schlampig, wieso auch? Selbstbestimmt entschloss ich mich, allen diesen Männern eine wertvolle Erfahrung zu gönnen. Eine, die auch ich gerne gehabt hätte.

GEHEILIGT WERDE DIE MUSCHI. ODER: HALTE RAT VOR DER TAT

Rückblickend gesehen ist es mir wichtig, jeder jungfräulichen Bitch draußen zu raten, es nicht derart verkrampft anzugehen wie ich. Jede Sexgöttin fängt klein an, entscheidend ist aber nicht, wann sie es tut, sondern mit wem. Ich verschenkte meine zweifache Jungfräulichkeit an Typen, die ich heute nicht mehr mit dem, Verzeihung, geknallten Arsch angucken würde, und das aus einem einzigen Grund: endlich Frau und »im Sex-Game« zu sein. Auch wenn es in meinem Fall zu spät ist, weiß ich es heute besser: Zur echten Frau wird man nicht durch einen Typen, sondern nur durch seine innere Einstellung. Mein Rat: Noch Jungfrau und nur Lappen in Sicht? Vibrator go! Amen.

7. Gebot

SELBSTBESTIMMTE SCHLAMPEN MÖGEN'S HEISS!

Wie, wann und wo ich es treibe

E is am Schuh, heiß am Höschen und im Möschen. Was sich anhört wie ein schlechter Pornotitel ist die Geschichte, die mich offiziell zur größten Schlampe Leipzigs machte. Ich war 14 und liebte es, während des Winters in der Indoor-Schlittschuhhalle abzuhängen. Die wunderschöne Eisfläche wird jährlich für ein paar Monate unter der Kuppel des Leipziger Kohlrabizirkus aufgebaut. An den Wochenenden war das der perfekte Ort, um mit anderen Jugendlichen abzuhängen. Natürlich nicht um ausschließlich Schlittschuh zu laufen, sondern um anderweitig das Eis zu brechen. Ich stand drauf, mich dort zu betrinken und mit Jungs anzubandeln, da von den Mädels ja eh kaum eine mit mir abgehangen hätte. So kam es, dass ich einige Typen bereits gut kannte und mit einem von ihnen immer mal wieder rummachte. Ali war Araber, hielt aber wohl

nichts von seiner Namensherkunft. Denn erhaben oder edel waren die
Absichten, die er an diesem Tag hegte, eher nicht. »Ich hab Druck,
lass mal aufs Klo und ein bisschen Spaß haben!«, flüsterte er mir ins
Ohr, während ich mir die Schlittschuhe von den Füßen zog. Damals
fand ich das nicht schlimm, weshalb ich naiv zustimmte und mich mit
ihm an den Damentoiletten verabredete. Ali kam, aber nicht allein,
denn er fand es witzig, Leipzigs berühmt-berüchtigten Fuckboy mit-
zubringen. Ein Typ, der in der Stadt bekannt dafür war, alles wegzu-
flexen, was nicht bei drei auf der Eisfläche verschwand. Und dort war
ich ja nun nicht mehr. Wir quetschten uns zu dritt in eine der vielen
nebeneinanderliegenden Kabinen. Dann ging es rund. Rums, bums!
Unsere Körper knallten an die wackeligen Wände, der Spülkasten
knarrte und das heruntergefallene Toilettenpapier wickelte sich hart-
näckig um meine Schuhe. Vornübergebeugt blies ich Alis Schwanz,
während der Fuckboy mich von hinten nahm. Ich fand die Situation
cool und aufregend, und so stöhnte ich besonders laut, um die Jungs
so richtig aufzugeilen. Natürlich kam niemand von uns zum Orgasmus, weil es für ein Entspannen zu eng und ich zu beschäftigt war, das
olle Klopapier wieder loszuwerden. Blöderweise bemerkte keiner von
uns, dass mittlerweile ein Haufen Leute unter der Tür durchguckten
und so nicht nur hörten, dass da was abging, sondern auch sahen,
wie unsere Füße standen. Als ich wieder zur »Clique« zurückkam,
ging der Aufstand los. Ob ich Flittchen tatsächlich Geschlechtsverkehr auf dem Klo gehabt hätte und das auch noch zu dritt, riefen sie
fragend und lachten. Auch wenn ich versuchte, alles abzustreiten, gab
es fortan kein anderes Thema. Die Geschichte verbreitete sich wie ein
Lauffeuer. Katja hatte einen Dreier in der Toilette, Schlampe, Hure,
Stadtmatratze. Von da an war mein Ruf in Stein gemeißelt, zumal sich
auch erfundene Geschichten dazugesellten. Beispielsweise dass ich
bei McDonald's mehrere Quickies gehabt hätte. Klar, nur weil es ein

Schnellrestaurant ist, heißt es nicht, dass da andere Sachen ebenfalls flott abgehen. Aber es passte eben so schön zu der echten Geschichte. Der Zwischenfall in der Eisarena brachte den Mobbingstein endgültig ins Rollen und ich war machtlos, denn ich wollte mich nicht anpassen. Ein paar Monate später überrollte er mich am Cospudener See, was traumatisch war. Den Leuten fiel es schwer, mich zu ertragen. Denn tatsächlich hatte ich in den darauffolgenden Jahren oft sinnlosen Sex mit unfassbar vielen bedeutungslosen Menschen.

SEXJUNKIE DE LUXE

Sex war meine Droge, meine Sucht, mein Laster und mein beinahes Verderben. Eine Abhängigkeit, die mich jahrelang so extrem belastete, dass sie mich innerlich fast zerstörte. Das mag sich unglaubwürdig anhören, da viele diese Sucht nicht als echte Erkrankung akzeptieren. Aber Hypersexualität ist tatsächlich eine anerkannte Störung, genauso wie die Spielsucht eine Krankheit ist. Oft reagieren Frauen ironisch. »Ja klar, sexsüchtig, wer's glaubt. Du möchtest doch nur, dass alle Männer denken, dass du ständig verfügbar und dauergeil bist!«, heißt es dann. Männer hingegen sind meist hellauf begeistert, weil es angeblich so geil ist, dass sie endlich mal eine perverse Nymphomanin kennenlernen. Was wirklich dahintersteht, interessiert die wenigsten, was ich durchaus verstehen kann, wenn man so aussieht oder handelt wie ich. Die Frage ist ja: Ab wann ist man überhaupt sexsüchtig? Es geht nicht darum, ob man einmal oder mehrmals am Tag Sex haben will. Es geht vielmehr um die Tatsache, dass man den Wunsch, gefickt zu werden, nicht mehr kontrollieren kann, was dann meist darin endet, dass man mit jedem Sex hat, der einem über den Weg läuft – egal wie er aussieht, wo man sich gerade aufhält oder ob man sich erst seit fünf Minuten kennt. Es dauerte ein paar Jahre, bis ich realisierte, dass etwas mit mir nicht stimmte und dass der Sex mich kontrollierte statt andersherum. Ich stellte die Schäferstündchen über Freundschaften, über Gesundheit, über alles. In meinen schlimmsten Phasen fickte ich beispielsweise vor einer Freundin mit dem Typen, in den sie verliebt war. Warum? Weil es mir schlichtweg schnurz war. Es war die Sucht, die mich zum Opfer und egoistischen Arschloch gleichzeitig machte.

Ich hatte tatsächlich an fast jedem Ort in Leipzig Sex. Von Spielplätzen über öffentliche Thermen, Saunen, Parkbänke, Strände, Autos, Autobahnen, Fahrstühle, Wälder, Wiesen, Wohnungen bis hin zu jedem gottverdammten Hotel. Das waren meist betrunkene One-Night-Stands, sodass ich 80 Prozent der Typen vermutlich gar nicht mehr wiedererkennen würde. Auch die genaue Anzahl der Männer, mit denen ich geschlafen habe, kann ich beim besten Willen nicht mehr rekonstruieren. Vermutlich so viele, wie es Likes auf meinem letzten Post gab.

Als ich als Teenager anfing, Sex zu haben, tat ich dies – rückblickend gesehen – primär für den Mann. Ich hatte Spaß daran, zu sehen, wie Männer auf mein Handeln reagierten, es geil fanden und mich als Sexobjekt feierten. Es ging mir aber nicht um meine eigene Befriedigung, sondern ausschließlich darum, dass die Kerle abspritzten, es krass fanden und mir dafür dankten. Ich fühlte mich dadurch geliebt. Jedes Mal wenn ich ausging oder mich verabredete, war es mein Ziel, Geschlechtsverkehr haben zu müssen. Kaum ein Abend verging, an dem ich nach dem Feiern nicht vögelte, weswegen ich auch mit vielen Jungs schlief, die ich heute nicht mal mehr mit einer Kneifzange anpacken würde. Es war mir egal, ob ich auf die Typen stand oder nicht, Hauptsache, ich hatte Sex, gerne auch mit mehreren an einem Tag. Um es auf den Punkt zu bringen: Ich nahm jeden, den ich kriegen konnte. Später, als ich schon mit YouTube erfolgreich war, gewöhnte ich es mir sogar an, nach den »Meets & Greets« mit Fans zu vögeln. Ich erinnere mich an einen besonders schlimmen Abend, der mit dem schlechtesten Sex meines Lebens endete. Ich war um die 19, als ich auf einer illegalen Party zwei Fans kennenlernte, die sich übelst bei mir einschleimten, Selfies wollten und mir alle Getränke ausgaben. Obwohl ich die beiden alles andere als geil fand, nahm ich sie am Ende mit nach Hause. Ich tat das, weil ich auf dieser Party auf einen Typen stand, der sich aber von mir partout nicht klarmachen lassen wollte. Er machte auf romantisch und schwafelte irgendwas von »erst besser kennenlernen«, was mich entsetzlich aggressiv werden ließ. Als er mir sagte, dass er nun allein nach Hause gehen möchte, war ich so sauer, dass ich ihm mitteilte, dass er sich gerne ins Knie ficken könnte. Voller Wut zimmerte ich mir daraufhin die zwei Notnägel zurecht, und zwar im Befehlston. »Ihr da, mitkommen!«, rief ich den beiden »Fans« zu, die noch immer wie zwei angeleinte Fiffis dort standen. Völlig verstört blieben die Bubis zunächst stehen, weil sie vermutlich gar nicht wussten, was ich von ihnen wollte. Nichtsdestotrotz trotteten sie schließlich brav mit. Als wir in meinem riesigen Loft ankamen, das ich mir zu der Zeit schon von der YouTube-Kohle leistete, nahm ich die zwei auseinander. Dabei weiß ich gar nicht mehr, was die kleinen Lappen mehr beeindruckte, die schicke Bude oder mein krasses Rangehen. Zuerst schmiss ich den einen aufs Bett, um ihm seine sexuelle Schüchternheit wegzuknattern, was mich aber ungemein langweilte, da er leider ein kompletter Versager in der Kiste war. Angeödet ließ ich von ihm ab, drehte mich um und schnappte mir den anderen Wicht. Doch auch bei ihm wurde es nicht besser, obwohl er sich mit seinem kleinen, krummen Minischwanz redlich bemühte. Es war erbärmlich. »Ihr müsst jetzt gehen!«, sprach ich erneut einen Befehl aus und schickte damit beide zurück in die Groupiewüste. Immerhin zweimal Sex, dachte ich und schlief zufrieden, wenn auch ein wenig angeekelt ein.

Leider waren solche Geschichten bei mir kein Einzelfall. Bekam ich es aus irgendeinem Grund nicht hin, Sex zu haben, oder der Typ hatte keinen Bock auf mich, fiel ich sofort in ein tiefes Depriloch. Schlagartig fühlte ich mich wertlos, alles machte keinen Sinn. Um diese depressive Stimmung wieder loszuwerden, musste der Nächstbeste her, und zwar ohne großes Rumgelaber. So wie andere etwas essen, wenn sie in ein Restaurant gehen, musste ich vögeln, wenn ich aus dem Haus ging. Alles drehte sich nur darum, einen Typen abzuschleppen. Ich konnte den Impuls, es jetzt haben zu müssen, um mich besser zu fühlen, einfach nicht unterdrücken. War ich nicht erfolgreich, war der Abend für mich wertlos. Ich bettelte regelrecht darum und tat alles, dass man es mir besorgte. Dabei ging's gar nicht um meinen Orgasmus, den ich sowieso sehr selten hatte, es ging nur um die Tatsache an sich, Sex zu haben. In dieser Zeit entwickelte ich krass männliche Züge in der Form, dass ich die Typen reihenweise klarmachte statt andersherum und dass die Kerle das »Ausnutzen« nicht mal merkten. Wenn ich beispielsweise in einen Club kam, checkte ich sofort den Raum ab, wer mir gefallen könnte. Ich musste dann nichts weiter tun, als mich in die Nähe zu stellen, und die Sache lief. Ehe der Typ überhaupt darüber nachdenken konnte, hatte ich ihn schon an der Angel oder besser gesagt am Schwanz. Für viele von denen war ich vermutlich der wahr gewordene, männerfressende Traum. Ich habe sie mir zwar egoistisch genommen, aber ihnen ja auch gleichzeitig gegeben, was sie wollten. Ich habe Saltos vom Kleiderschrank gemacht. Breitbeinig mit zielsicherer Landung auf dem Tower. Es war ein langer Weg, zu realisieren, dass das wirklich krankhaft und vor allen Dingen zwanghaft ist, was ich da tue. Der Sex war meine Zuneigung, mein Gefühl, angenommen und geliebt zu werden. Dabei dachte ich jahrelang, dass mein Verhalten sexy und selbstbestimmt sei. Zu Anfang war ich mir sicher, ich hätte Spaß an Sex, ich würde meine Sexualität offen ausleben und ich hätte ständig wechselnde Partner, weil ich das spannend fand. Ich redete mir ein, dass ich darum ja noch lange keine Sexsucht haben müsste. Doch irgendwann erkannte ich aufgrund der Depressionen ein Schema. Es ging mir wie gesagt nicht um die Befriedigung, dass ich komme. Für mich war die Sucht, einfach nur den Sex zu haben. Ich überlegte daraufhin, wo eine normale Lust endet und wo Sexsucht beginnt, weil es in der Regel schwer zu sagen ist, was beim Vögeln »normal« ist und was nicht. Aber ein Kontrollverlust ist eben nicht üblich. Ich fragte mich, ob ich durch das ständige Rumgebumse wirklich echte Befriedigung erlangte, und beantwortete das eindeutig mit einem Nein. Natürlich hatte auch ich ein Bedürfnis nach emotionaler Liebe und Anerkennung, wollte mir diese Dinge aber ausschließlich durch körperliche Nähe holen. Vermutlich konnte ich aufgrund meiner Verluste in der Kindheit gar keine echte Nähe mehr zulassen. Auch mein kleines Selbstwertgefühl war ein großes Desaster. Sex war für mich eine Art Ersatzhandlung bei Problemen. Ich wurde hart gemobbt, also hatte ich mit möglichst vielen Menschen Sex, um mir »Liebe« auf diesem Wege zurückzuholen. In Phasen, in denen ich mich hässlich fand, hatte ich umso mehr One-Night-Stands, nur um mir selbst zu beweisen, dass ich alle Männer kriegte und es wohl doch nicht so schlimm um mein Äußeres stand.

Als ich das erkannte, versuchte ich, mein Verhalten zu ändern. Ich überlegte, wie ich meine Probleme anders lösen konnte, statt sie mit Sex zu verdrängen. Es ging dabei nicht darum, mir die Lust auf Sex abzugewöhnen, sondern sie lediglich wieder unter Kontrolle zu bringen und ihr andere Werte zu vermitteln. Ich schwor mir, negative Erlebnisse nicht mehr mit zerstörerischem stumpfem Rumgeficke therapieren zu wollen. Das war schwer und ging mit etlichen Rückfällen einher, aber ich schaffte es vor gut einem Jahr über mein wiedergefundenes Selbstwertgefühl. Erst seitdem ich weiß, wer ich bin, was ich will und vor allem, was ich wert bin, kann ich meinen ausgiebigen Sex wieder voll genießen. Witzigerweise half mir ein Typ dabei, dies zu erkennen. Ich traf jemanden, der mir klarmachte, was ich für eine Granate bin. Äußerlich wie innerlich. Durch meine massiven Komplexe hatte ich das nämlich nie so empfunden. Auch wenn ich früh anfing, mich optisch durch OPs zu verändern, blieb ich im Kopf immer die kleine Katja mit der Hakennase und den flachen Brüsten. Ich habe so oft gehört, wie hübsch ich sei, doch geglaubt habe ich das nie. Dieses Selbstbild wieder geradezurücken und anzufangen, mich selbst zu lieben, war die Rettung. Ich empfinde meine übersteigerte Sexualität nun nicht mehr als Sucht, sondern nur noch als Vergnügen. Natürlich habe ich immer noch das Verlangen nach viel Sex, aber ich lebe es heute anders aus. Denn nach der Erleuchtung verbesserte sich die Qualität meines Sexlebens ebenfalls massiv. Ich hörte auf, ständig sinnlose One-Night-Stands zu haben. Ich begann, mir stattdessen Fuckbuddys zu »halten«, ein paar gleiche, immer wiederkehrende Typen, mit denen ich eine Art Freundschaft habe und so auch etwas echte Nähe zulassen kann. Diese Jungs wissen genau, worauf ich stehe, weil wir offen darüber reden, und sie bringen mich deswegen jedes Mal zum Orgasmus. Es geht mir heute nur noch darum, körperliche Befriedigung in Form eines Höhepunkts zu bekommen, statt andere Dinge mit Sex zu kompensieren. Mein Sex wurde dadurch viel befreiter. Und wenn ich doch mal einen One-Night-Stand habe, was nur noch selten vorkommt, nehme ich ausschließlich die Crème de la Crème. Ich bin da ekelhaft wählerisch geworden. Heute muss der Kerl ultrahot sein und es sich obendrein verdienen, dass ich ihn ranlasse. Da reicht es nicht mehr, einfach dazustehen und nett zu sein. Das Problem eines One-Night-Stands ist, dass der Sex nie so gut ist wie mit jemandem, den man bereits kennt, weil man nicht weiß, auf was der andere steht. Und dadurch ist es creepy und macht keinen Spaß. Es ist viel geiler, wenn man weiß, was jemand mag, und man sich bereits gegenseitig eingegroovt hat. Sex in einer Beziehung oder mit einem »Freundschaft Plus«-Typen ist demnach hundertmal geiler. Einzige Ausnahme: Man vertrocknet seit Jahren in einer Langzeitbeziehung und verfällt dem Reiz des Neuen. Das ist etwas anderes. Ich war mal mit jemandem im Bett, wo es gegenseitig vorne und hinten nicht passte und der Sex am Ende so mies war, dass keiner von uns beiden kam. Statt uns Vorwürfe zu machen, redeten wir im Anschluss offen darüber, auf was wir eigentlich stehen. Als wir dann erneut miteinander schliefen, war es so gut, dass ich gar nicht glauben konnte, dass ich da gerade mit dem gleichen Mann schlafe. Früher hätte ich nie gedacht, dass Kommunikation beim Sex das Allerwichtigste ist. Aber so ist es!

Auch wenn ich derzeit immer noch viel vögle, ist die Situation eine völlig andere. Heutzutage bin ich mit mir im Einklang und fühle mich sauwohl, weshalb ich davon ausgehe, dass ich an keiner akuten Sucht mehr leide, sondern Sex bei mir nur eine größere Rolle spielt als bei den meisten anderen.

ICH STEH AUF MICH ...

... und vieles mehr! Nachdem ich meine innerliche Selbstliebe fand und Sex nicht mehr nur für die Männerwelt praktizierte, probierte ich mich in viele Richtungen aus und merkte, dass fast jeder Sex mit annähernd jedem Typen geil sein kann, wenn die Männer wissen, worauf man steht. In all den Jahren, in denen ich fast nie einen Orgasmus hatte, dachte ich stets, das wäre normal, doch dann kam die Erleuchtung. Seitdem ich jedem Mann, mit dem ich schlafe, vorher unverblümt mitteile, was ich will und mag, ist mein Sexleben unfassbar befreit und qualitativ einzigartig. Heutzutage empfinde ich Sex mit einem Mann ohne eigenen Höhepunkt nicht nur als unbefriedigend, sondern als komplett sinnbefreit. Jeder sollte auf seine Kosten kommen, weshalb es spielentscheidend ist, als Allererstes herauszufinden, worauf man steht. Und das klappt nur, wenn man sich intensiv mit sich selbst befasst. Denn wie soll ein Mann wissen, was man mag, wenn man es selbst nie herausgefunden hat? Ich beispielsweise befriedigte mich so lange, bis ich jeden Zentimeter meines Körpers kannte und wusste, wie er wann und wo auf welche Berührung reagiert. Dazu schaute ich mir fast jede Fetischrichtung auf YouPorn an, um zu checken, was mich angeilt, kaltlässt oder ekelt. Mit dieser Methode kann man schnell und unkompliziert herausfinden, worauf man steht und worauf eben nicht. Hat man seine Fetische entdeckt, muss man nur noch den Mut aufbringen, jedem, mit dem man schläft, diese auch mitzuteilen. Denn nur wenn man zu seinen Vorlieben und Abneigungen steht, ist der Sex auch geil für eine Frau. Erschreckenderweise hatte ich den ersten Orgasmus mit einem Mann erst gute zwei Jahre nach meiner Entjungferung. Es war ein Russe, der mich zum Debüthöhepunkt brachte, wobei er das gar nicht realisierte, da ich vorher schon mit ihm schlief, aber jedes Mal einen Orgasmus vortäuschte. Ich erinnere mich genau: Wir waren in meinem kleinen, pink gestrichenen Zimmer in der Zweizimmerwohnung, in der ich damals mit meiner Mum zusammen wohnte. Es war ein zauberhafter Frühlingstag, die geöffneten Fenster ließen eine Brise Kirschblütenduft herein, während einzelne Sonnenstrahlen auf das Pink an den Wänden knallten und den Raum zu einem wahren Barbie-Traum erstrahlen ließen. Die Stimmung war gut, ich war happy und fühlte mich wohl. Ich trug ein Hello-Kitty-Shirt, das ich partout nicht ausziehen wollte – wegen der Minibrüste –, was ihn aber nicht zu stören schien, da er meine Macke diesbezüglich ja schon kannte. Wir lagen auf dem Bett, als er mir die Hose auszog, mir den Hals küsste und anfing, mich ausgiebig mit seiner harten Balalaika zu bespielen. Oben »Hello Kitty«, unten »Hallo Pussy«. Alles, was ich noch denken konnte, war: WHAT THE FUCK!, dann explodierte ich! Dieser erste gemeinsame Orgasmus mit einem Mann beamte mich in ein krass mentales Orbit, da es ein komplett neues Erlebnis für mich war. Ich kannte das Gefühl damals nur von der Selbstbefriedigung, was nicht zu vergleichen war. Hin und wieder proste ich noch heute diesem Raketen-Russen gedanklich mit einem Wodka zu. Gut gemacht, молодой человек!

Das Schöne ist ja, dass Männer unheimlich darauf stehen, eine Frau zu einem Orgasmus zu bringen. Jedes Mal sehe ich den Stolz in ihren Augen, wenn sie wie King Kong dastehen und sich innerlich selbst auf die behaarte Schulter klopfen. Ich mag das. Egal wie lange es dauert: Wenn ich einen Orgasmus haben will, sage ich den Männern direkt ins Gesicht, dass sie mich noch nicht ausreichend befriedigt haben. Ich gebe ihnen dann genaue Anweisungen, besonders dann, wenn sie selbst schon gekommen sind. Fingern geht beispielsweise immer. Hier bitte mehr links, weiter rechts, mehr vor, zurück. Damals traute ich mich das nicht, weil ich dachte, dass ich sonst nervig rüberkomme. Ich wollte es den Männern nicht antun, noch stundenlang meine Pussy bearbeiten zu müssen, obwohl sie selbst schon befriedigt waren. Aber im Endeffekt ist es so, dass, wenn ein Kerl Orgasmusschwierigkeiten hat, die Frau ja auch ein, zwei Stunden auf ihm rumrödelt, bis er bekommt, was er will. Sprich, was man einem Mann gibt, sollte er auch bereit sein zurückzugeben.

Die Wahl der für einen selbst perfekt geeigneten Typen ist sowieso sehr wichtig. Ich nehme mir heutzutage nur die Jungs, die mich wirklich anturnen und bei denen ich merke, dass sie selbstbewusste, coole Dudes sind. Lappen hatte ich in meinem Leben nämlich weiß Gott genug. Es turnt mich an, Männer jagen zu müssen. Ich will Kerle, die mir nicht hinterherrennen, sondern die auf Augenhöhe etwas gewuppt bekommen. Über die letzten ein, zwei Jahre bin ich zu einer dermaßen starken Frau geworden, dass ich keinen Lauch neben mir ertragen kann. Männliche Dominanz im Bett ist die Sache, die mich am meisten anturnt. Ich habe das spät herausgefunden, aber seit ich es weiß, bin ich im Sexhimmel. Das Spiel von Dominanz und Unterwerfung gefällt mir, weshalb ich jedes Mal innerlich ein Freudenfeuerwerk zünde, wenn ein Kerl mich hart ran- und durchnimmt, mich schlägt und beschimpft. Ohne Dirty Talk geht sowieso nichts. Auch wenn es ab einem gewissen Grad gefährlich wird, geschlagen und misshandelt zu werden, hält es mich nie davon ab, denn ich merke, wie ich es haben MUSS. Es ist das Ausgeliefertsein, was mich kickt. An dem Punkt, wo jede normale Frau sagen würde: »Stopp! Reicht! Raus!«, schreie ich, ob es das schon gewesen sei, und halte die andere Wange hin. Die Blessuren, die ich vom Sex aufgrund dieser Vorliebe bereits davontrug, kann ich gar nicht mehr zählen. Von gerissenen Ohrläppchen über Würgemale, Blutergüsse, verrenkten Kiefer bis hin zu heftigen Prellungen, alles war dabei. Die Hardcore-SM-Schule ist das, was ich brauche. Es gab Typen, die haben mir befohlen, mich wie ein Hund auf den Boden in eine Ecke zu hocken und dort so lange nackt auszuharren, bis mir jemand erlaubt, wieder aufzustehen. Diese perverse Erniedrigung ist exakt das, was mich während des Aktes um den Verstand bringt. Einmal hat mich ein Mann dermaßen gewürgt, dass ich in Ohnmacht fiel und erst wieder erwachte, als er mir ordentlich eine zimmerte. Immer wenn ich kurz denke, jetzt wird's zu krass, ich aber noch nicht gekommen bin, kann ich trotz kurz aufkeimender Angst nicht aufhören, mich demütigen zu lassen. Der Endorphinkick kommt immer dann, wenn ich das Gefühl habe, jemandem völlig ausgeliefert zu sein. Es gibt allerdings eine Sache, die ich stets befolge, und das hat wieder etwas mit Kommunikation zu tun. Ich rede vorher mit den Männern ausgiebig, ob sie SM-geübt sind, die Regeln kennen und nicht blind drauflosschlagen und am Ende aus Versehen eine Frau umbringen. SM ist nichts für Anfänger und spielt sich immer ohne gezwungene Handlungen ab. Alles dabei tut man freiwillig und klärt dies vorher ab. Es gibt zum Beispiel Codewörter, bei denen der dominante Part sofort aufhören muss. Wenn man auf derartige Spielchen steht, ist es wichtig, am Anfang erst einmal vorsichtig zu üben. Die Art und Weise des Schlagens ist nämlich – im wahrsten Sinne des Wortes – ausschlaggebend. Man muss verdammt aufpassen, wie man zuhaut. Ein Mann, der Sadomaso auf dem Kasten hat, der schlägt bewusst und geübt. Ein Macho-Rambo hingegen drischt drauflos, wie er Bock hat. Das ist ein riesiger Unterschied, weswegen ich das vorher stets ausgiebig kommuniziere. Auch die Richtung, in die es gehen soll, bespricht man am besten und holt sich das Einverständnis. Vor Kurzem hab ich auf Anraten meiner perversen Ost-Freundinnen tatsächlich ausprobiert, wie es ist, wenn mir ein Mann von oben ins Gesicht pinkelt. Wie man sich vermutlich vorstellen kann, schmeckt Urin nicht nach »Yeah, mega!«, aber der Akt an sich, das Erniedrigende, war geil und bediente genau meinen Fetisch. Im Wesentlichen mag ich alle perversen Sachen, nur nichts mit Kot. Da kommt es mir hoch, da bin ich raus. Ich habe lange überlegt, weshalb ich diesen Fetisch überhaupt habe. Vielleicht liegt es daran, dass ich wie ein Businessman ticke, der im Job viel zu

sagen hat und niemals die Kontrolle verliert. Solche Typen gehen er-
wiesenermaßen mit Vorliebe in Domina-Studios und lassen sich dort
auspeitschen und erniedrigen. Sie suchen dort einen Ausgleich zum
Alltag, indem sie in eine umgekehrte Rolle schlüpfen. Es gibt Männer,
die sich sexuell nur fallen lassen können, wenn sie merken, dass sie
ausgeliefert sind. Ich bin im Business ebenfalls die Boss Bitch mit den
Ansagen, eventuell turnt mich das Spielchen deswegen so an. Auf der
anderen Seite könnte es auch sein, dass ich unterbewusst versuche,
mit dieser Art von Sexualität den Verlust meines Vaters zu kompensieren. Vermutlich mag ich im Bett autoritäre Männer, weil sie mir mit
ihrer Strenge und Dominanz das Gefühl geben, etwas zu lernen. Für
mich gab es nie die Möglichkeit, zu meinem Vater hochzuschauen, er
brachte mir nichts bei, und so hatte das kleine Mädchen in mir nie
eine Chance, zur Frau zu werden. An welchem von den zwei Gründen
es nun auch liegen mag, der Fetisch ist da und möglicherweise ist es
sogar eine Kombination aus beiden. So ganz herausfinden werde ich
das wohl nie. Anfänglich schämte ich mich etwas, zu meinem Fetisch
zu stehen, weil man nie weiß, ob man gerade jemanden vor sich hat,
der Opfer von Gewalt wurde. Das kommt dann natürlich nicht so gut
an. Ich merke aber, dass dieser Fetisch bei mir tief verwurzelt ist und
ich ihn nicht unterdrücken kann, obwohl ich normalerweise ein sehr
sensibler Mensch bin. Das bedeutet, wenn man mich aus dem Nichts
schlagen würde, täte mir das extrem weh. Beim Sex aber empfinde ich
diese Schmerzen nicht, ich scheine sie unterbewusst komplett auszublenden. Sobald der Sex vorbei ist, bin ich dann wieder wie ein Baby
und habe den Wunsch, vom Mann behandelt zu werden wie eine Prinzessin. Im Bett aber bin ich eine Hure und möchte auch, dass man
dementsprechend mit mir umgeht. Wenn ein Mann beim Sex zu mir
süß ist oder, noch schlimmer, die Romantikschiene fährt, geht das gar
nicht klar. Das sind exakt die Typen, denen ich danach unmissver-

ständlich nahelege, dass sie bitte schnell wieder abdampfen mögen. Was ich vor allen Dingen nicht ertragen kann, ist, wenn ein Mann sich mir zuliebe krampfhaft verstellt, sprich auf dominant macht, obwohl er in Wahrheit ein Schmusidusi-Lauch ist. Es gibt viele Kerle, die zum Thema SM offen sagen, dass sie solche Dinge wie Schlagen niemals täten, was für mich absolut in Ordnung ist, solange man nur dazu steht. Neulich hatte ich mal einen, der so tat, als wäre er ein krass dominanter Motherfucker, aber das Einzige, was er auf die Kette kriegte, war, mir zweimal auf den Arsch zu klopfen und zu fragen, ob ich denn auch schön artig war. Ein schlimmer Fremdschämmoment!

Es gibt noch eine weitere Sache, auf die ich gar nicht stehe, und das sind kleine Schwänze. Da es sich um eine anatomische Gegebenheit handelt, bin ich mir bewusst, dass sich das asozial und verletzend anhören mag, aber ich kann beim besten Willen einfach nichts mit kleinen Pimmeln anfangen. Früher versuchte ich, solche Würstchensituationen mental wegzuatmen, heute aber ist mir das unmöglich. Sehe ich einen Minipenis, bin ich weg! Da hilft die beste Technik nichts, einen Mann mit einem kleinen, dünnen Schwanz kann ich nicht ernst nehmen. Statt mich anzuturnen, erweckt dieser Anblick bei mir ausschließlich Mitleid. Es ist der Grund, warum ich nicht besonders auf Lecken in Form von oraler Befriedigung stehe. Das lieben ja die Typen, die einen Kleinen haben, um sozusagen wieder etwas wettzumachen. Ich finde allerdings, dass der Mann dabei der Erniedrigte ist, indem er da unten rumdümpelt und den Keller auswischt, nur weil sein Besen nicht groß genug für den Salon ist. Es kommt daher äußerst selten vor, dass mir Lecken gefällt. Nur wenn ich sehr lange SM-Sex hatte und mal wieder eine kleine Abwechslung brauche, erwische ich mich, dass ich mir einen Versager schnappe, der mich dann oral befriedigen muss. Von einem überlegenen Kerl hingegen würde ich mich nie lecken lassen, es wäre ein absoluter Abturner, denn bei einem dominanten Mann geht nur die Hure auf die Knie und bläst. In diesem Falle ich.

DIE SCHEINHEILIGE WELT DER PORNOCCHIOS

Ich liebe Pornos, aber nur in einem gesunden Rahmen. Es ist großartig, dass man über Pornos herausfinden kann, worauf man steht, und sich bei Unlust damit jederzeit wieder aufgeilen kann. In diesen Filmen steckt allerdings ein krasses Suchtpotenzial. Eine Abhängigkeit, die ein normales sexuelles Verhalten komplett zerstören kann. Ich kenne viele Pornosüchtige, die allesamt darunter leiden, statt es geil zu finden, da sie aus dieser Pornoblase nicht mehr herausfinden. Solche Menschen stumpfen dermaßen ab, dass jeder reale Sex ihnen zu langweilig wird, was dazu führt, dass sie Abspritzprobleme bekommen. Ein wahrer Teufelskreis, denn diese Leute gucken daraufhin immer abartigere Pornos. Dinge, die man im echten Leben in der Regel aber nicht praktiziert. Von den Vorlieben, die ich habe, mal abgesehen. Meine Sexualität ist extrem und nicht gewöhnlich, dessen bin ich mir bewusst, weshalb auch keine Frau da draußen denken sollte, dass man nur geil ist, wenn man so hart drauf ist wie ich. Jeder muss für sich selbst herausfinden, was er gut findet und was nicht. Es gibt Milliarden Menschen und eben auch Milliarden Vorlieben. Deshalb finde ich es schwierig, wenn pornosüchtige Männer täglich perverse Gang-Bang-Videos schauen, bei denen beispielsweise einer Frau vierzigmal ins Loch gewichst wird und die Kerle dann davon ausgehen, das einem Mädchen von nebenan das eben auch gefällt. Ich bin der Meinung, dass echter Sex so viel geiler und sinnvoller ist als ständiger surrealer Pornokonsum. Ich gewöhnte es mir daher an, bei der Selbstbefriedigung nur meine eigens produzierten kleinen Handypornos anzuschauen. Wenn man sich selbst filmt, sieht man eben auch nur das, was einem gefällt, und man weiß, dass es real ist. Ich liebe es, zu sehen, wie ich in den Videos anständig geknallt werde, aber man sollte natürlich immer darauf achten, dass man so etwas nur mit seinem eigenen Telefon dreht und die Sachen niemals verschickt. Solche Dinge filme ich deshalb nur mit Männern, die ich kenne und denen ich vertraue. Ich würde mich im Leben nicht bewusst von einem One-Night-Stand ablichten lassen. Glücklicherweise wurde ich bisher noch nicht abgezockt, obwohl ich oft besoffen war und man mich heimlich von allen Seiten hätte abfilmen können. Es gibt allerdings ein Erlebnis, welches mich bis heute nervös macht. Vor knapp zwei Jahren hatte ich in Berlin etwas mit einem Typen, den ich knallhart mit auf mein Hotelzimmer schleppte. Warum? Weil er 'ne geile Sau war! Als wir reinkamen, packte Mr Supercool allerdings direkt sein MacBook aus und platzierte das Ding gegenüber vom Bett auf einem Sideboard. Selbstverständlich nur um von dort Mucke abzuspielen, betonte er und zog mich aufs Bett. Knickknack, los ging's. Ein guter Fick, aber das komische Gefühl wurde ich trotzdem nicht los. Als er nach unserem Gevögel aufs Klo musste, versuchte ich die Lage abzuchecken, aber seine Passwortsperre machte mir einen Strich durch die Rechnung. Noch heute bekomme ich manchmal Panik, dass er unser Rumgebumse doch gefilmt hatte, wobei es dann erstaunlich wäre, dass davon nie etwas im Netz auftauchte. Meine Naivität von damals habe ich Gott sei Dank komplett abgelegt. Wenn ich heute mit jemandem Sex habe, kassiere ich sofort alle Handys ein und schalte sie aus. Private Drecksaufilmchen drehe ich deswegen ausschließlich mit »Freundschaft Plus«-Männern oder meinem Freund, wenn ich denn mal eine Beziehung habe. Dann aber auch gerne das gesamte perverse Programm. Es gibt eine Menge Ordner mit übelsten Pornos auf meinem Telefon. Sollte ich jemals gehackt werden, wäre ich am Arsch. Obwohl ich manchmal denke, vielleicht wäre es auch cool, so Paris-Hilton-, Pamela-Anderson-, Kim-Kardashian-like. Denen haben die ungewollt veröffentlichten Sexvideos ja auch nicht geschadet, im Gegenteil sogar. Aber im Vergleich zu meinen Szenen waren das auch nur harmlose Softpornostreifen, weshalb die Leute bei mir eher verstört wären. Es gab mal einen Mann, der zeitweise im Besitz von einigen dieser Dateien war. Ein Typ, dem ich bis heute vertraue, obwohl ich auch bei ihm hätte konsequent bleiben müssen. Da er mich aber damals so penetrant nervte, dass er die Videos, die wir zusammen drehten, gerne hätte, gab ich nach und schickte ihm einige zu. Zuerst harmlose, in denen man mich nur von hinten sieht, im Laufe der Zeit aber immer krassere, bis hin zu Clips, in welchen man mir in die Gebärmutter schauen konnte. Als ich zufälligerweise meiner Freundin davon erzählte, fiel sie entsetzt vom Stuhl. Ob ich noch ganz takko sei, fragte sie und fügte hinzu, dass das ja wohl das Dämlichste sei, was man als Frau tun könne. Auch wenn ich diesem Typen vertraute, wollte ich daraufhin die Sache wieder rückgängig machen und die Videos auf seinem Telefon eliminieren. Ein Anruf mit »Bitte lösche die Dateien« war mir zu riskant, da er dann sicherlich die Zeit genutzt hätte, alles auf einer Festplatte zu speichern. Unter einem Vorwand bestellte ich ihn also zu mir und stieg in sein Auto, um dann kurze Zeit später einen heftigen Streit vom Zaun zu brechen. Ich provozierte ihn dermaßen, dass er anfing, mich anzuschreien, woraufhin ich direkt mit Freundschaftsentzug konterte und ihm befahl, alle unsere Videos sofort zu löschen. Kleinlaut schwor er mir, dies später zu tun, aber darauf ließ ich mich nicht ein und schnappte mir sein Handy. Drei Minuten später war alles weg. Erfreulicherweise wusste ich, dass er keine Cloud benutzt, weswegen er sich bis heute tierisch über den Verlust der Videos aufregt. Erst neulich bettelte er mal wieder, dass ich ihm doch wenigstens eine unserer filmischen Pornoperlen zurückgeben möge, aber ich ließ mich nicht erweichen.

Ich mag meine eigenen Videos, da sie echte Orgasmen zeigen, etwas, das in normalen Pornos selten der Fall ist. Die meisten Darstellerinnen fühlen während eines Drehs nämlich exakt NICHTS. Kaum eine von ihnen empfindet echte Lust. Ich drehte beispielsweise mal einen kleinen Softpornoclip mit Micaela Schäfer, bei dem aber keine Geschlechtsteile von mir zu sehen waren. Ich trug Unterwäsche, während Micaela sich mit ihrem nackten Traumkörper auf mir räkelte und die Fernbedienung eines kleinen Vibrators bediente. Das elektrische Ei hatte ich mir vorher auf dem Klo in die Muschi geschoben, damit ich echte Lust empfinde. Als ich sie darum bat, dass Ding so lange zu steuern, bis ich komme, war sie völlig irritiert. »Hä? Wieso? Tu doch einfach so, als ob dir einer abgeht!«, erwiderte sie wie automatisch. In der Branche ist so ein Wunsch wie meiner völlig ungewöhnlich. Dort wird alles gefakt, aber so bin ich nicht. Ich fand die Vorstellung geil, dass die Leute, die sich das später angucken und darauf wichsen, wissen, dass mein Orgasmus echt und nicht vorgespielt war. Ich wollte real sein, was – dank Micaelas Bemühen – dann auch klappte. Trotzdem musste sie natürlich ein wenig schmunzeln, weil ich so verbissen darauf beharrte. Micaela ist eine ungemein nette und kluge Frau, die einfach nur ihr Business durchzieht, was ich durchaus respektiere, aber für mich persönlich wäre das nichts. Es ist der Grund, weshalb ich keine kommerziellen Pornos drehe. Diese ständig vorgespielte Lust würde mich wieder um Jahre zurückwerfen und mir den Spaß an echtem Sex verderben. Es ist ein ekelhaftes Business, in dem Frauen wie ich, die Sex von Natur aus lieben, nicht gut aufgehoben sind, weil sie von Weibern umgeben sind, von denen die meisten eigentlich ihre

Arbeit hassen. Ich kenne viele Pornodarstellerinnen, die mir allesamt erzählten, dass sie Sex nicht ausstehen können und froh sind, wenn sie nach einem Drehtag wieder zu Hause sind, um dort in Jogginghose das Katzenklo zu säubern.

Ich erinnere mich an einen Setbesuch eines Hardcore-Streifens, bei dem ich vor Entsetzen den Mund nicht mehr zukriegte. Nicht weil ich die Sachen so krass fand, die dort gedreht wurden, sondern weil mich die Stimmung während der Drehpausen schockte. Diese Mädels fickten, stöhnten, schrien und lutschten, was das Zeug hielt, aber sobald die Kamera mal kurz aus war, hieß es augenrollend: »Boar, nervt, keinen Bock mehr, wie lange noch?!« Und kaum war die Kamera wieder an, schwups, ging es weiter mit: »Ohhhh, jaaa, uhhh, geeeeeil, gib's mir!« Diese Branche ist schlichtweg von vorne bis hinten fake, und das stört mich, weil es mir die echte Lust verdirbt. Es gab Zeiten, in denen ich kurz davor stand, in das Geschäft einzutauchen, weil ich dachte, dass es mir Spaß bereiten würde, aber dann packte mich doch die Vernunft, spätestens als ich die Geschehnisse am Set sah. Ich kenne viele erfolgreiche Pornodarstellerinnen, die im Geld schwimmen, seelisch aber trotzdem kurz vor dem Ertrinken stehen. Frustriert hocken sie in ihren dicken Häusern, ohne Freunde, dafür aber mitsamt ihren Luxusschlitten und Diamantuhren. »In Wirklichkeit hasse ich Sex, es ist das Letzte, was mir im echten Leben Spaß machen würde!«, beichteten mir schon einige von ihnen. Alle diese Frauen gaben mir den Rat, niemals mit Pornos anzufangen, denn dann wäre Sex nur noch nervige Arbeit, die man irgendwann verabscheut und die einen krank macht. Die Branche ist Gift, und das möchte ich mir ersparen, besonders weil das Feedback eindeutig ist. Alle Pornoweiber hassen mich, weil sie sehen, wie ich mit meinem pornösen Bitch-Image Cash generiere, obwohl ich vor der Kamera weder komplett blankziehe noch die Schenkel spreize.

Ich bin keine ihren Körper verkaufende Hure, sondern eben nur eine normale Hure, die Sex gerne privat praktiziert und die Glück hatte, mit ihrem sexy Ruf bekannt zu werden.

Der Neid mir gegenüber ist derb, weshalb ich mir schon anhören durfte, dass ich Fotze nicht mal Pornos drehe, aber erfolgreicher bin und deshalb das Geschäft kaputt machen würde. Es geht da primär um die lukrativen Kooperationen mit Erotikunternehmen, welche ich – aufgrund meines Images – ständig bekomme, und das, obwohl ich keine Pornodarstellerin bin. Eine dieser Firmen hat sich mit einem Branding in eins meiner Musikvideos eingekauft, was natürlich gut Kohle gab. Auch Kooperationen, bei denen ich kleine sexy Streifen produzierte, die dann auf einer gesonderten Plattform vermarktet wurden, ging ich ein, da ich diese Softpornoclips ausschließlich mit Frauen drehte und man bei mir nicht mal die Nippel sah. Das war viel und leicht verdientes Geld durch Deals, die ich jetzt allerdings zugegebenerweise durchdachter angehen würde – besonders was die Gage und die eventuellen Gefahren betrifft. Diesbezüglich bin ich heutzutage viel professioneller und hinterfrage stets die Kohle, den Nutzen und die Auswirkungen. Bei einer dieser Pornokooperationen wurde ich nämlich amtlich über den Tisch gezogen. Das Ganze fing damit an, dass ich 2017 für eine vertraglich festgelegte Gage auf der Venus-Messe am Stand dieser Firma Autogramme geben sollte und dies auch tat. Aufgrund meiner Fangemeinde aus dem Netz rannten mir die Leute dort die Bude ein. Hunderte YouTube-Fans, nette, gepflegte Teenager, die sonst nie die Venus besuchen würden, kamen nach meinem Aufruf, um mit mir Fotos zu machen, was mich sehr freute. Gleichzeitig aber öffnete mir dieser Messestandauftritt die Augen, denn neben den Fans erlebte ich auch die echten Besucher und all die Pornodarstellerinnen, die dort arbeiteten. Das normale Venus-Publikum besteht tatsächlich aus 70 Prozent ranzigem Gesocks, sprich ungepflegten, fetten und schwitzenden Männern, deren Leben ausschließlich daraus besteht, sich zu Hause in die vergilbte Socke zu wichsen. Ich bin viel gewohnt, aber der Anblick dieser abartigen Typen schockte mich massiv. Wie ausgehungerte Hängebauchschweine hielten sie lechzend ihre Kameras in die Muschis der Mädels, zoomten grunzend auf Anschlag und fragten nach weiteren Einblicken in andere Löcher. Es war entsetzlich und es war der Augenblick, in dem mir bewusst wurde, was der Unterschied zwischen meiner Arbeit und der echten Pornoindustrie ist. Das ganze Setting passte nicht zu mir, ich fühlte mich unwohl und bereute schlagartig, dass ich dort stand und das fröhlich-frivole Flittchen mimte, obwohl mir die gute Laune längst vergangen war. Ich liebe Sex und praktiziere ihn demnach gerne, aber das da waren Menschen, die liebten Sex nicht, die verkauften sich FÜR Sex. Sie verscherbelten ihren Körper vor der Kamera für Kohle, obwohl es ihnen keinen Spaß machte. Ich möchte das wie gesagt nicht verurteilen, es ist nur nichts für mich und ich sah, dass es für einige sicherlich besser wäre, den Beruf zu wechseln. Um ihre Arbeit zu ertragen, waren viele dieser Pornodarstellerinnen während des ganzen Venus-Wochenendes ununterbrochen besoffen oder auf irgendwelchen Drogen. Das fand ich sehr traurig mit anzuschauen. Trotz meiner guten Gage bereue ich diesen Messeauftritt, denn er platzierte mich in Schmuddelkreisen, in die ich nicht hineingehöre. Nicht nur, dass ich danach von allen Seiten Einladungen zu Pornoevents erhielt, sondern man hinterging mich im Anschluss auch massiv. Die Firma, mit der ich kooperierte, fand es wohl lukrativ, mit angeblichen Pornos und Nacktbildern von mir zu werben und Kohle zu scheffeln. Als ich mich googelte, fiel ich fast vom Stuhl. Etliche unseriöse Seiten von katjanackt.de, katjakrasavice. de bis katjaporno.de und viele mehr warben mit mir auf die immer gleiche Art und Weise: »Hi, ich bin Katja. Nacktbilder und Pornos von mir gibt es NUR hier!« Klickte man dort drauf, landete man in den meisten Fällen bei der Pornoseite, für die ich ausschließlich in Unterwäsche warb. Ich erzählte meinen Fans immer ehrlich, dass ich sexy Videos drehe, in denen ich aber nie komplett nackt zu sehen bin und auch nur mit anderen Frauen statt Männern rummache. Für mich ist ein Porno, wenn man explizit Sex oder primäre Geschlechtsteile sieht, was es bei mir faktisch aber nie gab. Es existieren weder kommerzielle Nacktbilder noch entsprechende Pornos von mir, auch wenn ich weiß, dass ich damit sehr viel Geld verdienen würde. Dennoch gibt es natürlich Bearbeitungsprogramme wie Photoshop, und so tauchten neben den ominösen Seiten plötzlich überall im Netz auch gefälschte Nacktbilder von mir auf. Das waren beispielsweise Fotos, auf denen in der Ursprungsversion meine Zöpfe über den Brustwarzen hingen, man sie aber geschickt wegretuschiert und falsche Nippel eingesetzt hatte. Lustigerweise hatte ich zu der Zeit gar keine Nippelpiercings, auf den Bildern aber schon, weil ich aus Spaß in einem Video mal erwähnt hatte, dass ich welche hätte. Immer mehr dieser Fälschungen tauchten auf und verbreiteten sich, da nun auch Instagram-Profile unter dem Namen »Katja Nacktbilder Verkauf« existierten. Dort wurde mit dem gefälschten Mist gehandelt und Geld verdient. Ein Foto 5 Euro, ein Bundle 10 Euro. Es gab sogar Sticker bei WhatsApp mit meinen Nacktbildern, die Leute sich gegenseitig zuschickten. Als die Anzahl der Fake-Fotos immer heftiger wurde, fing ich an zu recherchieren. Erst kombinierte ich die dubiosen Seiten nicht mit den Nacktbildern bei Instagram, sondern vermutete, ein Fan, der ein Ass im Fotobearbeiten war, machte sich da einen Spaß. Schnell aber merkte ich, dass da professionelle Leute dahintersteckten und alle diese Sachen am Ende zu meinem Kooperationspartner führten. Die Art der Präsentation und die Wortwahl stimmten überall überein und zeigten eindeutig, dass da dieselbe Person am Werk war. Eine dieser ominösen Seiten ohne Impressum bot sogar meine Handynummer zum Verkauf an, obwohl die logischerweise gefälscht war. Eine Sache, die sich für mich unerträglich anfühlte. Bei dem Gedanken daran, dass Fans dort abgezockt wurden, indem sie Geld für meine angebliche Nummer ausgaben, ließ mir das Blut in den Adern gefrieren. Ich sah sie schon vor mir, die Schlagzeile, dass ich meine Fans fies über den Tisch ziehe. Schnelles Handeln war das A und O, da ich mir sicher war, dass diese Abzocker alles löschen würden, sobald sie mitbekamen, dass ich meinen Anwalt eingeschaltet hatte. Bevor ich also Anzeige erstattete, machte ich dementsprechend von allen Seiten Screenshots und filmte jeglichen von ihnen produzierten Mist ab. Im Anschluss fragte mein Manager freundlich bei den Verdächtigen nach, ob sie denn wüssten, wer für diese Seiten haftbar wäre. Die Antwort meines ach so netten Kooperationspartners war interessant, da man uns wissen ließ, dass sie keine Ahnung hätten, aber wir uns nicht sorgen sollten, denn man würde für uns mit Hochdruck daran arbeiten, dies herauszufinden. Am nächsten Tag teilten uns die selbst ernannten Detektive mit, dass sie nun wüssten, wer dafür verantwortlich sei, sie uns den Namen aber nicht preisgeben dürften, weil es sonst massiv Ärger gäbe. Selbstverständlich aber würde man sicherstellen, dass der Übeltäter alle Seiten löscht. Und siehe da, kurze Zeit später war tatsächlich alles eliminiert. Als ich ihnen daraufhin mitteilte, dass ich kein Wort davon glaube und unendlich enttäuscht bin von solch einem asozialen Verhalten, blockierten sie mich auf allen Kommunikationskanälen. Für mich war das ein weiteres Indiz für ihre Schuld. Die Sache ist bis heute nicht geklärt und liegt bei den Anwälten. In Amerika hätte ich die Arschgeigen sicherlich auf eine hohe Summe verklagen können, hier in Deutschland aber juckt das kaum jemanden, und so harre ich der Dinge, die da kommen. Es wäre schön, wenn ich damit ein Statement setzen könnte, dass diese Firmen Mädchen wie mich nicht nach Belieben ausnutzen und verarschen können, und ich hoffe, dass sie ihre gerechte Strafe in Zukunft noch erhalten werden. Den Bereich Pornozusammenarbeit gehe ich seitdem entsprechend vorsichtig an.

Zum Thema »seinen Körper für Geld verkaufen« gibt es zugegeben eine Ausnahme, zu der ich bisher aus meinem Freundeskreis viel Positives vernommen habe. Ich kenne einige Frauen, die als Edel-Escort arbeiten und ein glückliches, zufriedenes Leben führen. Diese Mädels verdienen pro Date etliche Tausender, gehen schick essen und verdrehen sogar einigen Businessmen derart schlau den Kopf, dass diese ihnen Häuser, Schmuck und Autos finanzieren. Dabei haben sie stets die Wahl, das Ganze abzubrechen, wenn ihnen der Mann nicht gefällt. Ich persönlich bezeichne das als Traumjob: Viel Sex in Luxushotels mit Männern, auf die man körperlich Bock hat, und dafür auch noch Cash kassieren. Allerdings hat die Sache einen Ego-Haken, weshalb der Beruf am Ende doch nichts für mich wäre: die Krux mit der finanziellen Abhängigkeit. Alle diese Frauen kämen in Geldnot, sobald sie die Beine nicht mehr breit machen würden, was extrem unemanzipiert und damit für mich inakzeptabel ist. Ich bin und will stets mein eigener Herr sein. Ich möchte mir die Mercedes G-Klasse oder die Diamant-Rolex allein leisten können. Es gibt nichts, was mich mehr anturnt als die Tatsache, dass ich mir den ganzen Luxusscheiß selbst kaufen kann, ganz unabhängig davon, ob ich Sex habe oder nicht. Über Instagram bekomme ich täglich etliche solche Angebote. Von »seriösen« Sexanfragen über Teenager, die einige Tausender zusammengekratzt haben, damit ich es ihnen im Kinderzimmer besorge. Dummerweise kommen sie mit derartigen Wünschen ein paar Jahre zu spät. Es gibt aber auch viele Geschäftsmänner, die mir ihre Angebote besonders schmackhaft machen wollen, indem sie ausschweifend beschreiben, was sie alles täten, wenn man denn nur lieb zu ihnen wäre.

Einer bot mir an, mich nach Miami zu fliegen und in die edelsten Restaurants auszuführen, auf die tollsten Jachten zu bringen und mich in den schönsten Villen nächtigen zu lassen. Aber es ist einfach nicht mein Ding. Ich verdiene mein Geld lieber auf selbstbestimmtere Art und ohne die Gefahr, einen psychischen Schaden davonzutragen, weil mir ein Mann alles finanziert und mich deswegen benutzen kann, wie er will. Auch wenn die meisten dieser Männer gepflegt und gebildet sind, erkaufen sie sich ihre Frauen und verlangen dementsprechend auch, über ihr »Objekt« verfügen zu können, wie sie wollen. Darüber hinaus würde wohl kein normaler Mann einen solchen Job bei einer Frau akzeptieren, was folglich darin endet, dass Escort-Ladys nie harmonische Beziehungen führen, von einer Ehe ganz zu schweigen. Etwas, was ich wirklich nicht gebrauchen kann, da mir bereits mein jetziges Image in Sachen Partnerschaft massive Probleme bereitet. Aber das ist eine andere Baustelle.

WAS GEHT AB IN DER GESELLSCHAFT?

Ich frage mich oft, wie es sein kann, dass eine Frau wie ich, die offensiv mit ihrer Sexualität umgeht, gesellschaftlich immer noch verachtet wird, und das, obwohl die Welt allseits nach feministischer Autonomie schreit. Die Selbstbestimmtheit der Frau wird überall gefordert und gefeiert. Sie soll sich ihre Sexualität zurückerobern, sich nicht vom Mann abhängig machen, soll alle ihre Ziele erreichen und das von Männern dominierte System überwinden – aber wehe, sie tut es mit den Klischees dieses Systems selbst! Das geht natürlich nicht. Gerade wenn ein Teenagermädel seine Sexualität offen auslebt, führt das in der Familie oft zum Aufschrei. Einem Jungen wird feierlich das erste Kondom übergeben, oft mit Daddys coolem Spruch, dass der stramme

Max jetzt mal ransoll an den Mäusespeck. Mädchen hingegen wird ein Szenario aus Blut, Schmerz und drohender Schwangerschaft eingeimpft, auf dass sie bloß nicht auf die Idee kommen, Interesse an Sex zu entwickeln. Natürlich sind wir mittlerweile etwas weiter, aber seien wir ehrlich, revolutionär geändert hat sich nichts. Und auch wenn die Rechtsprechung heute weiß: »Nein heißt Nein«, sind der kurze Rock und der tiefe Ausschnitt noch immer ein Kriterium zur Abwertung. Dies ist einer der Gründe, weshalb ich mit meinem ständigen Provozieren auch aufrütteln will. Bezüglich meiner eigenen Person versuche ich die Trennung zwischen Selbstbestimmtheit und Barbie aufzuheben, denn ich bin es leid, ständig mit einer derart altmodischen Doppelmoral konfrontiert zu werden. Eine »emanzipierte« Gesellschaft muss es ertragen können, wenn eine Frau über Sex redet, Künstlichkeit feiert und sich der Klischees bedient, die andere vielleicht als Zeichen männlicher Unterdrückung verstehen. Noch immer sehe ich ein abwertendes Lächeln, wenn ich auf sogenannte Feministinnen treffe. Diese Emanzen sind sich sicher, dass ich als Sexobjekt weder glücklich, frei noch selbstbestimmt sein kann und mein Verhalten demnach nur eine Rolle ist, die mir von außen auferlegt wurde, aber ganz sicher nicht mein eigener Wunsch. Mich ärgert es, dass Menschen so unflexibel denken. Natürlich soll sich die Frau im Leben und in der Kiste nehmen, was sie will, soll einfordern, was sie braucht – aber bitte nur in einem gesellschaftlich akzeptablen Rahmen! Die Vorstellung, dass ein Mädel freiwillig, bewusst und aus voller Überzeugung mit dem Klischee des Sexobjekts spielt, um daraus am besten noch Profit zu schlagen, passt vielen nicht. Ja, ich spiele mit den Fantasien der Männer, weil ich es geil finde, wenn sie mir schwanzwedelnd hinterherrennen und nicht mal bemerken, dass sie längst an meiner Leine sind. »Wenn Katja wenigstens Pornos drehen würde, dann wäre es okay« ist eine weitverbreitete Meinung über mich. Aber warum? Wieso darf nur eine

Pornodarstellerin zu ihrer exzentrischen, aber dafür oftmals gefakten Sexualität stehen? Wieso brauchen die Leute dieses Rollenbild noch immer, um Menschen in Schubladen zu stecken und kategorisieren zu können? Wieso erträgt eine angeblich so freie und fortschrittliche Gesellschaft keine junge Frau, die selbst die Regeln bestimmt? Mich kotzt das an und es wird Zeit, dass sich das ändert! Lasst uns das gemeinsam angehen, Bitches! Amen.

8. Gebot

MONOGAMIE IST EIN SCHUSS INS KNIE

Wie ich versuchte, die Liebe zu finden, und sie in mir selbst fand

Der einzige Mensch, dem ich jemals treu war, bin ich selbst. Es ist traurig, aber in jeder Beziehung ging ich fremd, log und betrog. Nicht aus Böswilligkeit, sondern aus einem inneren Zwang heraus. Seit ich denken kann, habe ich große Verlustängste, wegen des Todes von Max, des Todes von Otto und des wenig rühmlichen Abgangs meines Vaters. Obwohl ich nicht verliebt war, suchte ich mir ständig jemanden, mit dem ich eine Art Beziehung führen konnte, nur weil ich Angst hatte, allein zu sein. Der einzige Mann, den ich je geliebt habe, war mein allererster »Freund« – der schicke Typ, der mich noch vor dem ersten Sex abschoss, weil ich angeblich einen zu schlechten Ruf hatte, und das, obwohl ich Jungfrau war. In Wahrheit aber war ich ihm damals nicht hübsch genug und das oberflächliche Arschloch wollte lieber eine optische Granate. Natürlich gab er das nicht zu, aber innerlich weiß ich, dass es so ist. Seitdem ich geil aussehe, schreibt er mir übrigens ständig, aber ich bleibe eisern; denn wer will schon so einen Mann? Jetzt, wo ich attraktiv bin und über ihm stehe, bin ich ihm gut genug. Nein danke! Meine erste Erfahrung in Sachen Liebe verkorkste mich demnach komplett. Nach dem Korb schwor ich mir, mich nie wieder in einen gut aussehenden Mann zu verlieben. Ich wollte nicht noch einmal weggeworfen werden, nur weil andere Frauen schöner sind. Von da an datete ich nur noch Typen, die unter mir standen. Jungs, bei denen ich mir sicher war, dass sie mich niemals verarschen oder verlassen würden. Ich konnte nicht allein sein und wollte, dass jemand offiziell »verpflichtet« ist, mir Liebe und Zuneigung zu schenken. Da ich aber nie wirklich verliebt war, ging ich in jeder meiner Beziehungen fremd. Mit 16 hatte ich vier Jahre lang einen sehr lieben Freund, und das, obwohl ich in dieser Zeit meine krasse Sexsucht auslebte. Ich wollte, dass jemand für mich da ist, ganz unabhängig von den Sex-Dates. Mein damaliger Egoismus ist mit Worten kaum zu beschreiben, weshalb ich mich rückblickend ungemein für all die Lügen schäme. Mein früherer Langzeitfreund war mir gegenüber stets ehrlich und er ist einer der witzigsten Jungs, die ich je kennenlernen durfte. Glücklicherweise fand er nie heraus, dass ich ihn so häufig hinterging, was wohl daran lag, dass ich sonst immer fürsorglich, liebevoll und anhänglich war. In Sachen Beziehung bin ich nämlich wie ein kleines, süßes Mäuschen. Doch sobald ich aus dem Haus war, mutierte ich zur fremdgehenden Schlampe, denn ich verband Sex schon damals nicht mit Liebe und schon gar nicht mit Beziehung. Ich mochte meinen Freund, ich verbrachte gerne Zeit mit ihm, aber ich dachte keine Sekunde darüber nach, ob ich überhaupt verliebt war oder was mir an dem Mann gefiel und was nicht. Es ging mir nur darum, eine Beziehung mit jemandem zu führen, bei dem ich mir sicher war, dass er mich auf Händen tragen und mich niemals verlassen würde. Schon nach einem Jahr hatte ich keine Lust mehr auf diesen Mann, auch körperlich nicht, aber ich konnte mich nicht trennen, weil ich es nicht ertragen hätte, Single zu sein. Ich brauchte diesen emotionalen Halt, weil ich innerlich verloren war. Ganze vier Jahre lang zog ich das egomane Spielchen durch, weil ich dem innerlichen Teufelskreis nicht entkam. Bedauerlicherweise ruinierte diese Bindung beinahe meinen Ruf als Bitch, da die Leute, die nicht wussten, dass ich ständig fremdging, anfingen herumzuerzählen, dass ich ja gar nicht so eine Schlampe wäre, wie ich immer prahlen würde. Für einige war ich plötzlich die treusorgende Freundin in einer Langzeitbeziehung. Das gefiel mir natürlich überhaupt nicht. Als ich jemanden kennenlernte, den ich etwas cooler fand und der ein potenzieller neuer Freund hätte sein können, nutzte ich die Chance und beendete das Ganze, indem ich mich gemeinerweise nie wieder meldete.

In den »Neuen« war ich ein paar Tage lang verknallt. Doch schnell nervte mich die Tatsache, dass ich alles für ihn bezahlen musste, da er keinen Cent auf Kante hatte. Das kam für mich nicht infrage und da ich eh schon wieder parallel einen anderen an der Angel hatte, schickte ich den faulen Arbeitsverweigerer wieder zurück auf seine Chill-Couch. Danach hatte ich nur noch wenige, sehr kurze Beziehungen, da mir eine dieser Liebschaften die Augen öffnete. Ich traf einen Mann, denn ich nach langer Zeit mal wieder richtig hot fand, der sich aber – für mich – als Arschloch herausstellte. Dieser Kerl war nämlich alles andere als zuvorkommend, charmant oder nett. Es störte mich massiv, dass er mir weder das Prinzessinnenärschchen hinterhertrug noch Komplimente verteilte. »Du siehst aber scheiße aus heute!«, begrüßte er mich immer dann, wenn ich nicht geschminkt war, was es mir nicht leicht machte, ihn zu lieben. Ungewollt öffnete er mir damit aber wie gesagt auch die Augen, was mein krankes Beziehungsmuster anging.

Für mich war das Ding durch, ich fühlte mich ohne Komplimente nicht wohl in der Partnerschaft, realisierte aber gleichzeitig, dass ich mein Verhalten ändern musste. Normalerweise hätte ich mir, noch bevor ich ihn abgeschossen hätte, einen neuen Pseudofreund gesucht, der dann direkt die Lücke gestopft hätte. Den wiederum hätte ich ebenfalls sofort betrogen. Ich merkte, dass ich mich sinnlos im Kreis drehte und dass das nie enden würde, weshalb ich hinterfragte, wieso ich das alles tat und warum ich zukünftig anders leben wollte. Ich erkannte, dass ich meine Ängste mit Selbstliebe in den Griff bekommen würde. Ich befreite mich quasi selbst von diesem Scheiß, immer eine Beziehung haben zu müssen, nur damit ich das Gefühl habe, dass mich jemand liebt. Heute lüge und betrüge ich nicht mehr, ich gebe mir genügend Selbstliebe, was mich zum glücklichsten Single der Welt macht. Ich habe wie gesagt einige qualitativ gute Freundschaften Plus, weil ich ohne Sex nicht leben kann, aber eine neue Beziehung würde ich erst wieder eingehen, wenn ich mich ehrlich verliebe und der Mann mich und meine Ansichten akzeptiert. Ein Hintergehen gibt es bei mir nicht mehr, weshalb für mich im Moment nur offene Beziehungen infrage kommen, in denen man alles abspricht. Ich bin kein klassischer Beziehungsmensch und glaube nicht, dass ich jemals einer sein werde. Ich könnte versuchen, mein Verlangen nach mehreren sexuellen Partnern zu unterdrücken, aber es würde mir schwerfallen. Welcher Seele tut schon ein Kampf gegen sich selbst gut? Der Mensch ist von Natur aus nicht monogam, davon bin ich fest überzeugt. Die Gesellschaft hat uns irgendwann diktiert, so sein zu müssen, und das finde ich scheiße. Das Ding mit der Monogamie ist, dass die Leute ihre Romantik abfeiern und deshalb Sex und Liebe nicht trennen wollen. Die Wahrheit ist aber doch, dass man sehr wohl einen Menschen ehrlich und aufrichtig lieben kann, auch wenn man hin und wieder mit anderen sexuell aktiv ist. Der Alltag ist ein Killer und der Reiz des Neuen wird nie versiegen. Ich glaube, wenn man in solch einer Situation neue Dinge ausprobiert und in Absprache mit einem anderen Menschen schläft, belebt so etwas sogar die Zweisamkeit. Monogamie ist für mich ein klares Einsperren. »Du darfst nicht, wir haben einen Vertrag«, so ist es ja in einer Ehe. Man verspricht sich die Treue, weil man quasi dazu gezwungen wird. Niemals würde ich jemandem etwas versprechen, was ich nicht halten kann. Wir Menschen sind nicht dafür gemacht. Früher habe ich immer gesagt: Wer sich selbst treu sein will, kann nicht immer anderen treu sein! Das ist im Grunde genommen ein wahrer Satz. Aber man muss eigentlich niemandem untreu sein, wenn man Treue erst gar nicht verspricht. Wenn man jemanden liebt, erzählt man ihm von seinen Wünschen, weil es keine größere Art von Respekt gibt.

Es ist nur schwer, Menschen zu finden, die ähnlich ticken. Leider habe ich gerade in letzter Zeit die Erfahrung gemacht, dass viele Männer ausrasten, wenn man eine offene Beziehung anspricht. Sie wollen einen damit quasi zwingen, sie zu belügen. Das aber werde ich nicht mehr tun. Bei einem der Typen probierte ich es auf die softe Art, indem ich versuchte, ihn zu überreden, dass ein gemeinsamer Dreier doch geil wäre. Aber auch das kommt nicht immer gut an, weshalb es für mich einfach besser ist, allein zu bleiben – es sei denn, jemand akzeptiert meinen Wunsch nach einer offenen Beziehung. Irrwitzigerweise würde es auch mir schwerfallen, zu wissen, dass mein Freund eine andere fickt, aber ich würde es in Kauf nehmen, weil ich selbst auch die Freiheit haben möchte. Wenn es auf den anderen Ebenen perfekt passt, er ehrlich, loyal ist und mich auf Händen trägt, wäre es okay für mich. Sollte das der Fall sein, kann er auch andere Frauen bespaßen, so wie ich es bei den Männern tue. Alles andere ist mir zu anstrengend geworden. Ich bin, wie ich bin, und dafür will ich nicht mehr lügen müssen – auch wenn viele Menschen mir das Gefühl geben, angelogen werden zu wollen. Ich hatte etliche Männer, die mir erzählten, wie toll sie es fänden, wenn ich einfach nur ehrlich wäre. Als ich es dann war, brach ein Tsunami aus. Anstrengend! Es ist ganz simpel: Ich will nicht mehr lügen und ich will nicht angelogen werden. Heute schätze ich es, wenn mir jemand Dinge ins Gesicht sagt. Wenn ich beispielsweise einen Auftritt habe und einer zu mir sagt: »Ey, der war gerade übelst grottig!«, und mir die Gründe nennt, dann spornt mich das an, besser zu werden, statt dass es mich frustet. Es ist ein großer Unterschied zwischen beleidigen und ehrlicher konstruktiver Kritik. Viele kommen auch mit lieb gemeintem Rat nicht klar, aber ich mag das. Echte Freundschaften bestehen nicht daraus, dass man sich ständig nach dem Mund redet. Es ist wichtig, dass man sich auch mal offen und ehrlich sagt, wenn man etwas doof findet. Früher hat es mich verunsichert und gekränkt, wenn mein Bruder mich kritisierte, heute aber weiß ich, dass das nur nett gemeint war. Man muss in der Lage sein, einander seine ehrliche Meinung sagen zu können. Immer und überall, denn es gibt nichts Ehrenwerteres. Ich schätze das und würde mir wünschen, dass, wenn ich mal wieder einen Freund habe, er es mir erzählt, wenn er eine andere Frau geil findet. Es gibt tausend schöne Frauen. Was soll ich schon dagegen tun? Auch wenn ich sagen würde: »Guck die Uschi nicht an, sonst bringe ich dich um«, würde er es trotzdem tun. Jeder, der fremdgehen will, findet einen Weg. Ich weiß, wovon ich rede. Mir wurde stets alles verboten, aber ich habe trotzdem tausendmal betrogen. Man muss die Dinge mental loslassen. Genauso wie die Angst, allein zu sein. Niemals mehr werde ich so unsicher sein, zu denken, dass ich irgendwen an meiner Seite haben MUSS. Ich brauche niemanden, um glücklich zu sein. Es wäre schön, es ist aber nicht lebenswichtig. Wenn jemand kommen würde, der so denkt und fühlt wie ich, wäre ich happy, wenn nicht, dann nicht. Das Allerwichtigste ist nämlich die Erkenntnis, dass offene Beziehungen eine Liebeserklärung an das Leben sind! Ich möchte für den Rest meines Lebens weder mich noch andere in ihrer Freiheit beschränken, mehrere Menschen gleichzeitig zu begehren.

BABY BITCH

Der Tiefpunkt meiner misslungenen Partnerschaftskarriere war kurz nach der Vierjahresbeziehung. Alles begann damit, dass ich mies gelaunt war und ständig weinte. Bei allem, was mir in die Nase stieg, wurde mir plötzlich schlecht und das Haus wollte ich auch nicht mehr verlassen. Bei jeglichem Fleisch, das jemand in meiner Nähe aß, hätte ich mich sofort erbrechen können, bei jedem Gemüse allerdings auch. Ich fand alles ekelhaft. Mich, die Welt und das Universum. Besonders aber Tische! Das mag sich absurd anhören, aber bei dem Blick auf meinen kleinen gläsernen Wohnzimmertisch kollabierte ich fast vor Ekel. Ich schmiss das Ding sofort auf den Sperrmüll, was mir allerdings nur wenig Erleichterung brachte, da ich fortan auch den Esstisch abartig fand. Es war zum Verzweifeln, Müdigkeit presste sich durch jede meiner Adern, ich bekam die Augen kaum auf und erspähte Pickel im Gesicht. Als ich nachrechnete und merkte, dass ich darüber hinaus seit einigen Wochen mit meinen Tagen überfällig war, ahnte ich Schlimmes und holte mir einen Schwangerschaftstest. Zitternd pinkelte ich auf den Schnipsel und betete zu allen heiligen Göttern, dass das Ergebnis doch bitte negativ sein möge. Vergeblich. Während mir die zwei blauen positiven Streifen fröhlich ins Gesicht hüpften, sprang ich aus Verzweiflung fast aus dem Fenster. »Du bist schwanger, verdammte Scheiße, wie konnte das passieren?«, schrie ich mich im Spiegel an, denn das Schlimmste war, dass ich nicht mal wusste, ob es von meinem Freund war oder von einem der etlichen One-Night-Stands, von denen ich mich zu der Zeit regelmäßig durchnudeln ließ. Das Fremdgehen war für mich damals so zur Normalität geworden, dass tatsächlich vier, fünf Männer als Väter infrage kamen. Es war charakterlos, aber die Realität. Drei Tage schloss ich mich heulend ein und versuchte, die Situation zu begreifen. Ich ärgerte mich, dass ich einige Monate vorher die Pille abgesetzt hatte, da mich die Hormone depressiv machten, aber für Reue war es nun zu spät. Innerlich wie körperlich fuhr ich die schlimmste Achterbahn meines Lebens. Ich übergab mich täglich, kam nicht mehr aus dem Bett und konnte an keiner Sache mehr Freude finden. Allen potenziellen Vätern verschwieg ich die Schwangerschaft, nur meinem guten Freund Marvin und meiner Mama schüttete ich jammernd mein Herz aus. Der schöne, große, blonde Marvin ist schwul und der süßeste Mensch auf der Welt, ein Freund, der immer für mich da ist und dem ich zu 100 Prozent vertraue. »Komm, Katja, wir trinken erst mal ein Sektchen und dann gucken wir weiter!«, tröstete er mich. Alkohol in der Schwangerschaft? Nun gut, wir alle mussten uns erst einmal mit der neuen Situation beschäftigen. Gemeinsam überlegten wir, was nun das Beste wäre, und machten einen Termin bei der Beratungsstelle, da ich mir unsicher war, ob ich es behalten sollte oder nicht. Die Zeit war knapp, was mich massiv unter Druck setzte. Eine derartige psychologische Beratung ist in Deutschland Pflicht, wenn man erwägt abzutreiben, da es viele Frauen gibt, die von ihren Männern massiv dazu gedrängt werden, den Fötus zu töten. Darüber hinaus versucht eine Psychologin einzuschätzen, ob man überhaupt reif genug ist, ein Kind zu bekommen, und wie das allgemeine soziale Umfeld der werdenden Mutter aussieht. Mir half das Gespräch enorm, ich fühlte mich ernst genommen, da sich die Psychologin Zeit nahm und jedes Detail erfragte. Ich versuchte, ihr zu erklären, wie ich empfinde, denke und lebe, und schilderte ihr alle meine Sorgen bezüglich des Kindes. Ich fühlte mich zu jung, gepaart mit der Angst, dass das

Kind so wie ich gemobbt werden würde, wenn in der Schule später alle erfahren würden, was für eine Mutter es hatte. Mein ganzes Sein, der Ruf in der Öffentlichkeit und das Umfeld waren meinem Empfinden nach in keiner Weise kindgerecht. Darüber hinaus dachte ich, dass es besser wäre, erst Mutter zu werden, wenn ich mir etwas aufgebaut haben und es auch einen Vater dazu geben würde. Ich würde mir wünschen, dass mein zukünftiges Kind ein perfektes Leben hat, eins ohne all die schlimmen Erfahrungen, die ich durchleben musste. Wenn ich ein Baby bekomme, würde es von mir in jeder Sekunde auf Händen getragen werden. Ein Umstand, der in dieser Phase meines Lebens nicht umsetzbar war – zumindest traute ich es mir nicht zu.

Die Psychologin gab mir zu verstehen, dass sie all das voll und ganz nachvollziehen könne. Ich schaute zu meiner Mutter, die mich liebevoll in den Arm nahm und mir sagte, dass, egal was ich tue, sie immer hinter mir stehen würde. Auch Marvin bestätigte dies, was mir die Entscheidung allerdings nicht einfacher machte. Nur ich allein konnte das Urteil über Leben und Tod fällen, was mir schwerfiel, da ich nur noch ein paar Tage hatte, mir darüber klar zu werden. Auf der einen Seite war ich mir sicher, dass eine Abtreibung der vernünftigste Weg war, aber auf der anderen Seite hätte ich es auch gerne behalten. Tief ihn mir ahnte ich, dass ich eine Entscheidung gegen das Baby irgendwann einmal bereuen würde. Es vergingen zwei Tage des Kopfzerbrechens und des körperlichen Erbrechens, denn meine Schwangerschaftsübelkeit wurde immer schlimmer und gipfelte in einer Hyperemesis gravidarum. So nennt man eine schwere Form der Übelkeit in der Schwangerschaft, bei der die werdende Mutter meist über Wochen im Krankenhaus am Tropf hängt. Fix und fertig entschied ich mich am Ende für eine Ausschabung. Das alles ging sehr schnell, denn schon am nächsten Tag hatte ich den OP-Termin. Nach dem Eingriff fühlte ich mich weder besonders traurig noch erleichtert, sondern einfach nur widerlich leer. Nicht nur die Übelkeit war verschwunden, auch die kleine Seele in mir war fort. Erst nach ein paar Tagen realisierte ich, was eigentlich geschehen war. Traurigkeit folgte der Leere, weshalb ich mich in Arbeit stürzte und versuchte, die Sache zu verdrängen. Darin war ich gut, das wusste ich.

Doch auch diese Erfahrung sollte mich einholen. Als ich einige Zeit später im *Promi-Big-Brother*-Container hockte und mein ganzes Leben innerlich Revue passieren ließ, kam alles wieder hoch. Man hat bei diesem Format so viel Zeit, über sich selbst nachzudenken, dass es schwer ist, eine Maske aufrechtzuerhalten. Mir wurde klar, dass ich mir mehr Zeit gewünscht hätte, um über meine damalige Entscheidung nachzudenken. Heute weiß ich, dass dieses Baby so oder so ein tolles Leben gehabt hätte. Mit der Hilfe meiner Mutter wäre es möglich gewesen – auch trotz meines miesen Images. Am Ende war es die Angst, die ich nicht überwinden konnte. Wenn ich heute darüber nachdenke, fühle ich mich nicht als Mörderin, aber ein wenig als Betrügerin. Ich empfinde diese Abtreibung als eine Art Betrug an mir selbst. Eine Entscheidung, die ich heute wohl so nicht mehr treffen würde. Bei allen meinen Sexgeschichten passe ich seither auf wie keine Zweite. Das Kondom ist mein bester Freund, was ja auch noch andere Vorteile hat. Ich bin klüger geworden, reifer und selbstsicherer. Sollte ich jetzt schwanger werden, wäre das immer noch kein Grund für einen Jubelschrei, aber ich würde versuchen, damit umzugehen. Vermutlich müsste ich meinen Beruf – im wahrsten Sinne des Wortes – etwas entschärfen, aber da mein Image sich in der letzten Zeit zum Positiven verändert hat, wäre ein Muttersein nicht mehr unmöglich. Vor vier, fünf Jahren wollte ich keine Kinder, aber je älter ich werde, desto krasser merke ich, wie anders ich nun darüber denke. In zehn Jahren ein

Haus und zwei, drei Kinder zu haben, mit einem Mann, der eine offene Beziehung akzeptiert, aber gleichzeitig familiär ist und kein Aggressivitätsproblem hat, das wäre mein Wunschtraum. Meinen späteren Kindern soll es nämlich erspart bleiben, seelisch so vergewaltigt zu werden, wie ich es wurde. Sollte der Vater meiner zukünftigen Kinder jemals mich oder unseren Nachwuchs anschreien, wäre ich innerhalb einer Stunde mitsamt allen Zwergen über alle Berge. Die Vorstellung, dass mein Sohn das Verhalten eines solchen Vaters adaptiert und am Ende genauso aggro und asozial wird, würde mich umbringen. Das ist der Grund, warum ich einen potenziellen Erzeuger bis ins kleinste Detail studieren würde, bevor er sich bei mir fortpflanzen darf. Beim Sex dominant, im Alltag liebevoll, im Wesen ein Freigeist. Jeder andere kann mir gestohlen bleiben.

Ich habe mich gefunden, ich bin angekommen, ich weiß, was mir wichtig ist, und ich habe erkannt, wie dankbar ich für diese Entwicklung sein kann. Meine Selbstliebe und die Liebe zu meiner Familie und meinen Freunden gibt mir Kraft und Zufriedenheit. In meiner Welt ist Liebe nämlich kein Duett, sondern ein Chor. In diesem Sinne: Halleluja, Bitches! Amen.

9. Gebot

BITCHES LIEBEN DEN BEAT!

Wie ich meiner Leidenschaft folgte und Glückseligkeit empfing

Es war die Macht der Musik, die mich durch jede Krise brachte. Musik war und ist mein innerer Halt, meine Leidenschaft, mein Schutzschild und mein Herzblut. Ohne all die motivierenden Songs hätte ich die Zeit des Mobbings niemals überstanden. Früh entwickelte ich die Gabe, mir Texte schlagartig merken zu können. Selbst wenn ich Lieder nur wenige Male höre, kleben die Lyrics in meinem Hirn wie Pattex. Problemlos kann ich innerhalb kürzerer Zeit Texte lückenlos wiedergeben, sofern diese zu Songs gehören. Das liegt wohl daran, dass ich Beats fühle und lebe, auch wenn ich gesanglich nicht mit einer Ariana Grande mithalten kann. Aber genau das motivierte mich, diszipliniert daran zu arbeiten. Über einen langen Zeitraum hinweg nahm ich Gesangsunterricht und feile auch heute noch konstant an meiner Stimme. Es reizt mich, mich in einer Sache zu verbessern, die mir – was das Talent angeht – nicht unbedingt in den Schoß gelegt wurde.

Als ich mit »Doggy« quasi über Nacht die Chance bekam, mich musikalisch auszudrücken, öffnete sich für mich eine ganz neue, überglückliche Welt. Es war das, was ich mir immer erträumt hatte, denn mit der Musik konnte ich alle meine Leidenschaften verbinden. Die Musik macht es mir möglich, auf künstlerische Art und Weise zu provozieren, indem ich halb nackt über Sex singe und mein Denken und Sein dadurch frei entfalten kann. Nichts davon ist anrüchig, es ist Kunst. Musik darf das und Musik muss das vor allen Dingen aushalten können. Ich mag die Nische des Andersseins. Bevor mein allererster Song erschien, panikte mich, dass die Leute diese Art von Musik nicht verstehen würden, aber sie taten es auf Anhieb, was mich sehr freute. Da der Debütsong »Doggy« so gut funktionierte, folgte mit »Dicke Lippen« gleich der nächste. Auch hier lochte der Produzent aus dem Saarland wieder treffsicher ein, denn textlich passte das Lied erneut wie Pussy auf Prengel. Das Video dazu produzierten wir in einem richtigen Studio, was sich wie ein Ritterschlag anfühlte. Alles war extrem professionell, auch wenn das Video im Vergleich zu meinen heutigen Clips natürlich noch ausbaufähig war. Damals aber kam ich aus dem Freudentaumel gar nicht mehr heraus, zumal ich auch musikalisch meine Ideen mit einfließen lassen durfte. Die Mühen und Kosten, das große Set, das alles war eine enorm aufregende Zeit. Neben etlichen Tänzern und Tänzerinnen organisierte man mir für den Videodreh einen fetten Audi R8 und zwei riesige Dobermänner. Und nicht nur die Hunde wedelten mit dem Schwanz, sondern auch ganz Deutschland. Als wir »Dicke Lippen« veröffentlichten, performte der Song massiv gut. Ich war im Game, und das war geil. Zu realisieren, dass mein durchgeknalltes Wesen gerade zu einem Businessmodell wurde, weil Leute das Potenzial erkannten, damit zu arbeiten, war für mich überwältigend. Ich fühlte mich nicht nur bestätigt, sondern auch ein klein wenig akzeptiert. Zwei Dinge, für die ich lange kämpfen musste und die mich deswegen so befriedigten.

Mein dritter Song, der einige Monate später folgte, sollte mein aller-
liebstes Baby werden. Wieder war es der gleiche Produzent, der mir das
Lied vorstellte. Als ich »Sex Tape« zum ersten Mal hörte, explodierten
meine Synapsen vor Glückseligkeit. Sofort kam mir eine Idee, wie
man die Hook noch verändern könnte, um einen echten Ohrwurm
zu generieren. Ich hatte diese Kinderliedmelodie im Kopf, die ich im
Kindergarten immer auf dem Xylophon gespielt hatte. Die wollte ich
unbedingt mit dabeihaben, weil ich mir sicher war, dass die Leute es
lieben würden.

Als soundtechnisch alles fertig war, ging's an die Drehplanung. Das
Video produzierten wir Anfang August 2018 im knallheißen Berlin.
Ich wollte unbedingt ein One-Shot-Video auf einer etwas abgelegenen,
aber dennoch befahrenen Straße drehen, weil ich die Vorstellung geil
fand, mich vor den vorbeifahrenden Autos auszuziehen. Einen One-
Shot nennt man einen Dreh, der ohne Cuts auskommt, sprich an
einem Stück gedreht wird. Das macht ein Video unheimlich real und
nah, denn lässt man die ganzen Schnitte weg, bleiben nur die Realität
und die Kreativität eines Videos übrig. Nichts wird durch Cuts gepimpt, beschleunigt oder beschönigt. Nur das Wesentliche bleibt, und
das war in diesem Fall ich im knallroten G-String-Bikini. Bei knapp
33 Grad stöckelte ich immer und immer wieder schwitzend die Straße
entlang, so lange, bis der Kameramann die Nerven verlor, weil er einfach nicht verstand, dass ich es perfekt haben wollte. Doch das ist ja
das Schöne daran, seine eigene Boss Bitch zu sein: Der Kameramann
muss gehorchen, und das tat er dann auch brav. Den Schluss des Clips
drehten wir auf einer Grünfläche, was direkt zu einem Polizeieinsatz
führte. Anwohner vermuteten, dass ich mit Max, dem Pizzaboy, in
einem auf der Wiese aufgestellten Bett einen Porno drehe, und riefen
empört die Bullen. Für die spießigen Anwohner dort war das wohl

etwas zu viel Haut. »Ihr Ferkel, Schluss damit, sofort!«, riefen sie entrüstet. Die eintreffenden Einsatzkräfte wiederum erkannten mich direkt, und so kam es, dass sie – statt rumzumotzen – extrem gechillt die ganze Situation abfeierten und uns netterweise das Ding zu Ende drehen ließen. Und das sollte sich für uns lohnen. Das Video zu »Sex Tape« wurde im Anschluss mehr als 36 Millionen Mal auf YouTube aufgerufen. Es ist mein größter Hit und Lieblingssong, bei welchem die Fans bei meinen Liveauftritten immer komplett ausrasten.

Die Zeit danach war wahnsinnig aufregend und busy. Da ich frisch aus dem *Big-Brother*-Container gekommen war, folgten unzählige Clubauftritte, bei denen ich nicht mehr nur Autogramme gab und Selfies machte, sondern nun auch meine Songs performen konnte. Ein ganz neues Leben begann und ich gab auf allen Ebenen Vollgas, denn ich wollte diese Chance unter keinen Umständen verkacken. Alles, was ich tat, analysierte ich anschließend, und so verging kein Tag, an dem ich nicht an der Bühnenperformance oder an meinem Gesang herumwerkelte. Glücklicherweise lernte ich direkt zu Beginn einen wunderbaren Gesangslehrer kennen, der mir viel beibrachte. Ein älterer, äußerlich völlig durchgeknallter Typ, der sich mit seinem schrägen Look sofort in mein Herz katapultierte. Na immerhin stehen ihm die Haare schon jetzt zu Berge, ganz ohne meinen Gesang, dachte ich, als ich ihn das erste Mal traf. Um mir jeglichen Diss zu ersparen, begrüßte ich ihn mit den Worten, dass er sich bitte nicht über mich lustig machen soll, da ich nicht singen kann. Ich wollte mich vor seinem Hohn schützen und dachte, damit würde ich ihm gleich den Wind aus den Segeln nehmen. »Wenn du das noch einmal sagst, kannst du direkt wieder gehen«, erwiderte er lächelnd und versicherte mir, dass jeder Mensch einen gewissen Grad des Singens erlernen könne. Dieser tolle Mann nahm sich Zeit und mich ernst, das gefiel mir. Geduldig baute er mein Selbstbewusstsein auf, indem er mir erklärte, dass eine positive Einstellung die halbe Miete sei und man zuerst seine Ängste überwinden müsse. Die ganzen letzten Jahre hörte ich immer wieder, dass ich weder singen könnte noch dieses oder jenes auf dem Kasten hätte. Den Leuten gefiel es, sich über mich lustig zu machen, was Spuren hinterließ und mich extrem selbstkritisch werden ließ, auch wenn ich nach außen immer die Starke spielte. Der Gesangslehrer aber schaffte es, dass ich nach einer Weile mein falsches Selbstbild wieder in den Griff bekam. Ich verstand, dass, wenn ich selbst denke, dass ich scheiße singe, es eben auch kacke klingt. Logisch eigentlich. Daraufhin übte ich in Dauerschleife, was dazu führte, dass ich meine Stimme als echtes Werkzeug wahrnahm. Ich werde dieses Werkzeug nie perfekt beherrschen, aber ich lernte, es in meinem Rahmen bestmöglich zu benutzen. Für das, was mir dieser Lehrer beibrachte und menschlich mit auf den Weg gab, bin ich sehr dankbar. Bei allen meinen Auftritten performe ich seitdem – wie im Hip-Hop üblich – im Halbplayback. Das bedeutet, dass die Musik vom Band kommt, die Parts aber live gesungen sind. Lediglich die Hooks, also der Refrain, werden unterstützend mit eingespielt. Mir ist es wichtig, dass die Fans merken, dass ich mir bei Konzerten den Arsch aufreiße, statt nur Kohle zu kassieren. Nichts ist respektloser als eine faule Künstlerin, die sich gelangweilt mit Vollplayback oder automatischer Tonhöhenkorrektur durch ihre Konzerte mogelt.

HAUPTBERUFLICH: BEAT BITCH!

Ein gutes halbes Jahr nachdem der Song »Sex Tape« erschien, packte mich das Verlangen, es nun wirklich mit der Musik professionell anzugehen. Unzufriedenheit kroch mir den Nacken hoch, da ich merkte, dass ich nun bereit für den nächsten Schritt war, aber nichts passierte. Ich flehte mein damaliges Management an, dass ich jeden Tag im Studio sitzen, an mir arbeiten und das Schreiben von Songs erlernen möchte, doch so einfach war es nicht. Es mangelte an den richtigen Kontakten und Netzwerken, was man ihnen nicht vorwerfen konnte, mich aber dazu zwang, mir jemanden zu suchen, der in der Musikbranche der King war. Ich fragte überall herum, hielt die Augen und Ohren offen und informierte mich über alle Babos im Business. Als ich nach einiger Zeit der Recherche meinen jetzigen Manager Drilon kennenlernte, ging alles ganz schnell. Alles passte perfekt – menschlich wie geschäftlich. Ehe ich michs versah, lernte ich über ihn die krassesten Leute der Branche kennen. Ich merkte, wie sie – wegen Drilon – anfingen, mich als Künstlerin zu respektieren, was vorher nicht auszudenken war. Einige von ihnen gaben mir beim Start meiner Albumproduktion wertvolle Tipps, schrieben an Songs mit und halfen mir beim Üben der ganzen Betonungen. Drilon schaffte es, mich innerhalb kürzester Zeit zu etablieren, wofür ich ihm sehr dankbar bin. Bei der Suche nach einer Plattenfirma hatte ich eine genaue Vorstellung, was die Konditionen anging, weshalb ich mich mit vielen interessierten Firmen traf. Ich wollte mich nicht mehr abzocken lassen, da der Produzent meiner ersten drei Songs mich diesbezüglich hart rangenommen hatte und ich mich aufgrund dessen von ihm getrennt hatte. Das war schade, da er vom Kern der Songs her immer meinen Geschmack traf und es nicht viele gibt, die mich diesbezüglich genau verstehen. Aber finanziell abzocken lassen, das kam für mich nicht mehr infrage. Die ersten Gespräche mit der Plattenfirma, die es am Ende werden sollte, begannen im Frühling 2019. Da wir aber wussten, dass ein endgültiges Unterschreiben immer ein langes Hin und Her ist, begannen wir bereits auf eigene Kosten mit der Albumproduktion. Und das sollte sich lohnen, denn die weiteren Gespräche verliefen alle-

samt sehr positiv. Als im Juli des gleichen Jahres das große persön-
liche Meeting mit den Leuten von der Plattenfirma in Hamburg an-
stand, konnte ich die schnellen Entwicklungen kaum glauben. Stand
ich tatsächlich kurz vor dem Unterzeichnen eines Plattenvertrages mit
einem Major-Label? Ich strahlte wie eine 100-Watt-Birne, härter kann
man sich nicht freuen. Aufgeregt kaufte ich mir einen türkisfarbenen
Hosenanzug und kombinierte ihn mit einem weißen Rollkragenpulli,
da ich bei dem Meeting wie eine edle Geschäftsfrau rüberkommen
wollte. Gekonnt setzte ich mir die dickste Sonnenbrille, die ich finden
konnte, auf das operierte Näschen und marschierte Richtung professionelle Musikkarriere. Die Jungs von Warner hatten richtig Bock auf
mich, das Album und die Zusammenarbeit. Das alles fühlte sich so
wahnsinnig gut an, und so kam es, dass ich ein knappes Jahr nach
der Veröffentlichung von »Sex Tape« ganz offiziell verkünden konnte,
dass ich meinen ersten Plattenvertrag unterzeichnet hatte. Die Mel-
dung schlug medial blitzartig ein. Alle Portale berichteten über den
Deal und ich wurde von allen Seiten mit Glückwünschen überhäuft.
Natürlich gab es auch Gratulationen von Hatern, die nun auf Fake-
Freunde machten, aber falsche Schlangen erkenne ich inzwischen sofort und bin gegen ihre Bisse immun. Es ist schwer, das Glücksgefühl
zu beschreiben, das ich an diesem Tag empfand. Ich saß zu Hause,
las all die Dinge über mich und versuchte zu realisieren, dass ich es
geschafft hatte, ein großes Musiklabel davon zu überzeugen, an mich
und meine Musik zu glauben. Vom gemobbten und belächelten Opfer
zur Musikqueen? Kann so etwas tatsächlich wahr werden? Ich grübelte
und nahm mir vor, dass ich alles nur Mögliche dafür tun würde, damit
mein erstes Album auf Platz 1 der Charts geht. Wie ein Psycho stand
ich vor dem Spiegel, grinste mich an und versprach mir, dass ich jeden,
der dieses Ziel ebenfalls anpeilte, auf faire, aber gnadenlose Weise weg-
bitchen würde. Bis dahin aber lag noch ein langer, harter Arbeitsweg

vor mir, denn wir hatten bis zur Fertigstellung des Albums noch jede Menge zu tun. Nun zahlte es sich aus, dass wir schon Monate vor der Vertragsunterzeichnung mit den ersten Ideen begonnen hatten, da wir das Album sonst zeitlich niemals pünktlich hinbekommen hätten. Die Suche nach einem oder mehreren neuen Produzenten kostete mich viel Zeit, da ich eine perfektionistische Nervensäge bin und an allem etwas rumzumeckern habe. Über Monate hinweg setzte ich mich mit Songwritern auseinander, hörte Hunderte Lieder, um herauszufinden, wer und was zu mir passt und in welche Richtung ich gehen möchte. Dazu kamen etliche Meetings und Studiosessions. Das war ein unfassbar langwieriger und anstrengender Prozess. Viele dieser Songwriter beherrschten ihr Handwerk perfekt, passten aber final nicht zu mir und meinen Vorstellungen. Entweder waren mir die Texte zu übertrieben in Richtung »Rich Bitch« oder im Allgemeinen zu flach. Ich wollte perverse Lyrics, nicht nur das klassische »Ich bin so reich«-Gelaber der Rapper. Und ich wollte Zeilen, die im Kontrast dazu hier und dort auch tiefgründig und reflektiert rüberkamen. Es erwies sich als echte Sisyphusarbeit, einen passenden Songwriter zu finden. Jemanden, der talentiert, kreativ, aber auch flexibel bezüglich des Styles war. Ich suchte nach einer Person, die meine musikalischen und textlichen Vorstellungen zu 100 Prozent umsetzen konnte. Während der langen Suche verlor ich streckenweise die Nerven, was dazu führte, dass ich mir fest vornahm, das Schreiben von Texten zukünftig professionell in Workshops zu erlernen, damit ich beim nächsten Album diesen Part größtenteils selbst übernehmen kann. Davon war und bin ich allerdings noch meilenweit entfernt, und so blieb mir nichts anderes übrig, als weiter nach guten Leuten zu suchen. Ich brauchte zumindest jemanden, der mir die Musik und ein textliches Gerüst erstellte, auf welches ich dann mit Änderungsvorschlägen reagieren konnte. Mit Cospudener, dem besten Produzenten im Rap, und dem bekannten

Produzentenduo The Ironix fand ich drei großartige Menschen, die in den letzten Jahren mehrfach mit Gold und Platin ausgezeichnet worden waren und mit denen ich es versuchen wollte. Alles, was die Jungs ablieferten, gefiel mir, war aber trotzdem nicht zu 100 Prozent das, was ich mir vorstellte. Mein Perfektionismus schlug wieder zu, weshalb ich mich textlich am Ende doch einmischte. Viele Künstler lassen sich komplett fertige Songs schicken, die sie dann nur noch einsingen, so wie ich bei »Doggy«. Auch für mich wäre das nach wie vor die perfekte Lösung gewesen, aber mir war klar, dass ich mit- und mich einmischen musste, wenn das Album zu 100 Prozent Katja werden sollte. Fortan hockten wir also tage- und nächtelang im Studio und feilten gemeinsam an jedem der 14 Songs, was für die Jungs nicht leicht war, da meine penetrant perfektionistische Ader einen schlichtweg in den Wahnsinn treiben kann. Das Lied »Frühstück ans Bett« gestaltete sich beispielsweise als echte Schlampe, weshalb ich die Lyrics bestimmt fünf, sechs Mal umschreiben ließ, da ich einfach nicht zufriedenzustellen war. Bei »Rodeo« hingegen schrieb ich einen Großteil des Textes allein, was ich allerdings nur schaffte, weil man mir den Beat und einen ersten Textvorschlag gab, den ich dann anpasste. So gingen wir nach und nach jeden Song durch und schraubten an fast allen Stellen. Schlussendlich war ich mit dem Ergebnis glücklich, auch wenn etwas Spezielles leider aus Zeitgründen nicht mehr umzusetzen war. Die Texte sind herrlich pervers, aber das Tiefgründige fehlt. Eine Sache, die ich beim nächsten Album unbedingt ändern will. Deep Shit ist das, was ich das nächste Mal haben will.

Die Dinge, die parallel zu meiner Albumproduktion erledigt werden mussten, türmten sich so hoch wie der Mount Everest. Mein Instagram wollte weiterhin bespielt werden, mein YouTube-Kanal wartete auf Content, Covershootings standen an und auch die ganzen Brainstormings zu den geplanten Videos befanden sich auf meiner To-do-Liste. Darüber hinaus lief uns die Zeit davon, was die inhaltliche Planung der De-luxe-Box für das Album anging. Solch eine Fanbox ist im Grunde genommen nur eine erweiterte und meist limitierte Veröffentlichung des Albums, wird allerdings mit zusätzlichem Material wie Postern, Autogrammkarten, Merchandise-Produkten oder ausgefalleneren Sachen aufgewertet. Im deutschsprachigen Raum gibt es kaum einen Künstler, der zum Album-Release nicht mit einer derartigen Fanbox an den Start geht, da die Boxen weitaus teurer sind als normale Tonträger, was sich wiederum positiv auf die Chartplatzierung auswirkt. Um das zu verstehen, muss man wissen, dass in Deutschland die umsatzbasierten Wertecharts gelten. Das bedeutet, dass ein Künstler, der beispielsweise 10 000 hochpreisige De-luxe-Boxen verkloppt, höher in die Charts einsteigt als jemand, der 20 000 normale Alben verkauft. Die deutschen Charts bilden demnach nicht ab, wer am meisten Tonträger verkauft, sondern wer am meisten Umsatz mit selbigen macht. In Deutschland erhebt die GfK Entertainment im Auftrag des Bundesverbandes Musikindustrie e. V. wöchentlich die offiziellen Deutschen Charts. Gezählt werden sowohl der Abverkauf physischer Tonträger als auch Downloads und Musikstreamings. Damit Künstler keine Goldbarren in ihre De-luxe-Boxen packen, um höher in die Charts einzusteigen, gibt es natürlich Regeln, was die maximale Bewertung einer Box angeht. Egal für welche Summe eine Box verkauft wird, die Gfk wertet maximal 40 Euro pro Einheit. Das war mir aber egal, da ich unbedingt extravagante und hochwertige Produkte mit hineinpacken wollte. Nicht um die Box teurer verkaufen zu wollen, sondern um den Fans etwas Wertiges zu bieten. Nach langem Hin und Her mit der Plattenfirma entschied ich mich für eine unschlagbare Kombination aus lebensgroßer Katja-Fahne, einer Maske mit Backstagezutritt zu meinen Konzerten, einem pinken Boss-Bitch-Tanga, meiner Handynummer und einer Sexpuppe. Das größte Problem war, dass ich es mir in den Kopf gesetzt hatte, dass die beigelegte Gummipuppe exakt so aussehen sollte wie ich. Eine solche Puppe für unter 20 Euro produzieren zu lassen, gestaltete sich als extrem schwierig, da ich erst nicht bereit war, meine Ansprüche bezüglich der Puppe herunterzufahren. Der Mund sollte geöffnet und die Brüste und der Kopf sollten nicht einfach nur aufblasbar, sondern aus Silikon sein. Zudem wollte ich, dass die Puppe ordentlich geschminkt war und meine Tattoos trug. Das alles war preislich kaum zu machen. Als das erste angefertigte Probeexemplar eintraf, stand nicht nur der Puppe der Mund offen, sondern vor allem mir, und zwar vor Entsetzen. Dieses Ding war dermaßen hässlich und qualitativ der größte Schrott. Als ich zudem meinem aufblasbaren Plastik-Ich die Haare öffnete, bildete sich innerhalb von Sekunden eine kreisrunde Altherrenglatze. Fassungslos starrte ich auf die Polyesterhaarbüschel in meinen Händen und überlegte, wer da bitte noch einen hochbekommen sollte? Ich schnaubte vor Wut, denn das, was da vor mir lag, war eine bodenlose Frechheit. Es folgte ein schier endloser Prozess der Verbesserungen, der allen im Team den Nerv raubte, aber am Ende zu einem Ergebnis führte, mit dem ich einigermaßen leben konnte. Aufgrund des begrenzten Budgets war ab einem gewissen Punkt Feierabend, was nachvollziehbar war. Versöhnlich nahm ich mein aufblasbares Ebenbild in den Arm und schickte es in die Massenproduktion.

Zeitgleich überlegte ich mir das Cover und die Form der Boss-Bitch-Box, indem ich eine dilettantische Dreieckszeichnung anfertigte, in welche ich mich drei Mal als Strichmännchen hineinkritzelte. Es war nicht leicht, dem Fotografen zu erklären, was genau ich mir vorstellte, weshalb es so wichtig war, das Design vor dem Shooting exakt zu bestimmen. Nachdem der Boxentwurf fertig war, rief ich die Freundin meines Bruders an und fragte, ob sie Lust hätte, beim Shooting mein

Körperdouble zu sein, was sie sehr freute. Die Herausforderung des Fotografen war, mich in der Postproduktion so zu bearbeiten, dass ich in dreifacher Ausführung zu sehen war – normalerweise kein Problem. Da ich aber wollte, dass sich meine drei Ichs auf dem Foto optisch gegenseitig anfassen, benötigten wir ein paar zusätzliche Beine. Ich platzierte die Freundin meines Bruders deswegen breitbeinig in der Mitte des Gesamtmotivs. Es war witzig, wie sie dort mit ihren silbernen Overknee-Stiefeln auf einem Hocker saß, obenrum aber komplett ungeschminkt war, da man im Anschluss meinen Oberkörper auf ihren retuschierte. Das Ganze funktionierte perfekt und führte zum absoluten Boss-Bild: der bitchigen Dreifaltigkeit namens Katja.

Nun fehlten nur noch die 10 000 Autogrammkarten, die der Box ebenfalls beigelegt werden sollten. Mir explodierte die Rübe. Vierzehn Tage lang kritzelte ich täglich zwölf Stunden am Stück meine Unterschrift auf jede einzelne dieser gottverdammten Karten. Bereits an Tag fünf meldete sich meine Hand mit einer Sehnenscheidenentzündung, was ich aber ignorierte, da zeitlich kein Verschieben mehr möglich war. Eine im wahrsten Sinne des Wortes kranke Aktion, die sich aber lohnte. Als jede einzelne Karte unterschrieben und auch der restliche Inhalt der Box fertig war, fühlte ich mich unglaublich befriedigt. Die Vorfreude stieg, denn auch die Vorbestellungen explodierten, als ich über YouTube und meine Social-Media-Kanäle den Inhalt der Box verkündete. Niemals hätte ich damit gerechnet, dass die limitierte Box so schnell ausverkauft sein würde. Ich setzte mehr Boxen ab als viele andere, große Künstler. Die Boss Bitch sahnte alles ab.

Parallel zu all den Baustellen fummelten wir die gesamte Zeit über an den Videos, die wir für die lange Promophase des Albums dringend benötigten. Fünf der 14 Albumsongs sollten ein Video be-

kommen. Zuerst drehten wir einen sauteuren, supercoolen Clip zu
»Gucci Girl«, gefolgt von dem nicht minder teuren »Sugar Daddy«,
meinem Lieblingsvideo. Ganze 100 000 Euro kostete mich der Luxus-
dreh in einer kroatischen Villa, da wir ein riesiges Team benötigten
und auch meine Outfits alle extra für mich designt und angefertigt
wurden. Tagelang probte ich die Choreografie, machte Hunderte von
Perücken- und Klamottenwechseln, leckte nonstop Sugar Daddys
Glatze und steckte in jede Sekunde dieses Videos all mein Herzblut.
Als ich jedoch das Video stolz auf YouTube hochladen wollte, sah ich,
dass mein »Katja Krasavice«-Kanal mit einer zweiten Verwarnung versehen und ich damit für 14 Tage gesperrt war. Bei YouTube läuft diese
komplizierte Sperrungsscheiße wie folgt: Man erhält Verwarnungen
wegen Verstößen gegen die Community-Richtlinien. Diese werden erteilt, wenn ein solcher Verstoß entweder von anderen Usern gemeldet
oder von YouTube selbst festgestellt wurde. Das erste Mal erhält man
eine Warnung ohne Konsequenz, im Anschluss dann aber eine erste
Verwarnung mit einer einwöchigen Sperre. Erhält man allerdings
innerhalb von 90 Tagen nach der ersten Verwarnung einen weiteren
sogenannten Strike, kommt es zu einer zweiwöchigen Blockade. Eine
dritte Ermahnung innerhalb dieser Zeit führt zur unwiderruflichen
Löschung des Kanals, wobei man beachten muss, dass jede einzelne
Verwarnung erst nach 90 Tagen aufgehoben wird. Die Gefahr, dass
man seinen Kanal ein für alle Mal verliert, ist also relativ hoch. Meine
zweite Verwarnung wurde in diesem Fall ausgesprochen, weil ich während eines vorherigen Promovideos für den »Gucci Girl«-Clip die
Pornofirma erwähnte, die sich als Sponsor eingekauft hatte. Mir war
nicht bewusst, dass die alleinige Erwähnung zu einem Strike führen
würde, was ärgerlich war, da nun der gesamte zeitliche Ablauf der Promophase in Gefahr geriet. Statt die zwei Wochen abzuwarten, empfan-
den ich und die Plattenfirma es als schlauen Move, einen neuen Kanal

zu erstellen und das Video einfach dort hochzuladen. Mit einem großen Instagram-Aufruf informierte ich meine Fans über die Geschehnisse und bat um Support, was auch bombig funktionierte. Als ich
»Sugar Daddy« auf meinen neuen jungfräulichen Kanal lud, stieg der
Song innerhalb von Stunden auf Platz 1 der YouTube-Trends und erreichte noch am ersten Tag über eine Million Klicks. Überglücklich,
dass sich die Arbeit gelohnt hatte und das Geld doch richtig investiert
war, atmete ich auf, denn dieses Video war das Aufwendigste, was ich
je produziert hatte. »Sugar Daddy« ist ein Clip wie aus Hollywood,
mein Baby und mein Diamant! Ich war unfassbar happy. Doch als
ich am nächsten Morgen erwachte und versuchte, die Klickzahlen zu
checken, donnerte mir ein schmerzhafter digitaler Faustschlag in die
fassungslose Visage. Mein neuer Kanal, das Video, die ganzen Klicks,
die Chartplatzierung, alles war gelöscht. Ich betete, dass das nur ein
Albtraum ist. Aber es war Herrgott noch mal die verfickte Realität. Ein
gewaltiger Heulflash überkam mich. Hatte ich doch einen Großteil
meines Albumvorschusses bewusst in die teuren Videoproduktionen
gesteckt. Es zog mir im wahrsten Sinne des Wortes den Boden unter
den Füßen weg. Das war zu viel für mich. Ich legte mich zurück ins
Bett und stand den Rest der Woche nicht mehr auf. Ich war gefickt –
dieses Mal aber leider nicht körperlich.

Es folgten frustrierende Wochen, da YouTube ewig braucht, wenn es
um Beschwerden geht. Ich fühlte mich mies, da es am Ende nur daran
lag, dass dem Labelteam und mir nicht bewusst war, dass man während eines Strikes gleichzeitig auch eine allgemeine Personensperre hat,
sprich man eben auch nicht einfach einen neuen Account erstellen darf.
Am Ende war genau das der Grund für die Komplettsperrung. Wären
wir besser informiert gewesen, hätte ich selbstverständlich die vier-
zehntägige Sperre abgewartet und hätte »Sugar Daddy« im Anschluss

auf meinem alten Kanal hochgeladen. So aber war ich am Arsch, denn durch die Tatsache, dass das Video einen Tag lang online gewesen war, gab es bereits etliche illegale Kopien, sprich Leute, die das abgefilmte Video hochluden, um Klicks zu generieren oder um darüber zu berichten. Ganz YouTube war voll mit »Sugar Daddy«-Schnipseln, die ich alle persönlich sperren lassen musste. Bei jedem dieser Videos war ich gezwungen, die einzelnen Passagen zu kopieren und mit einer ausführlichen Begründung an YouTube zu mailen. Das war extrem anstrengend und frustrierend. Aufgrund des ganzen Stresses und der zwei Strikes, die immer noch auf meinem abonnentenstarken Account hingen, entschied ich mich nach Ablauf der Sperre für eine neue Strategie. Dringend wollte ich verhindern, dass ich wegen eines weiteren Fehltritts eine komplette Account-Löschung riskierte. Anstatt »Sugar Daddy« auf meinem alten Kanal zu veröffentlichen, kreierte ich wieder einen neuen Kanal, den ich »Katja Krasavice Music« nannte und auf dem ich von da an alle Musikvideos veröffentlichte. Im Falle von »Sugar Daddy« war das Kind allerdings bereits in den Brunnen gefallen, da ich nach dem erneuten Hochladen realisierte, dass die Leute das Video eben schon kannten und die Klickzahlen demnach nicht mehr explodierten, weswegen es nach außen hin so scheint, als ob das Video nicht besonders erfolgreich ist. Bis heute schmerzt mir das Herz, wenn ich darüber nachdenke, dass diese Scheiße ausgerechnet bei meinem teuren Lieblingsclip passierte. Aber man kann gewisse Dinge eben nicht ändern. Hinfallen, aufstehen, Gucci-Cap richten. Wer kennt sie nicht, die alte Weisheit?

Den nächsten Videodreh ging ich bezüglich des Budgets folglich etwas vorsichtiger an. Bei »Wer bist du?« sparte ich mir – bis auf einen Boss-Bitch-gebrandeten Mantel – jegliche Outfits und drehte von vornherein nackt. In einer öffentlichen Fußgängerzone mit Nacktheit provozieren und gleichzeitig sparen, das gefiel mir, und so fuhren wir nach Straßburg, wo mich niemand erkannte. Es war unfassbar geil, zu sehen, wie den Leuten die Kinnlade herunterklappte, als ich dort aufgedonnert und splitterfasernackt über die Einkaufsmeile stolzierte. Ich steh auf diese Aufmerksamkeit und ich liebe mein Team, das dafür sorgt, dass niemand unerlaubt Handybilder schießt. Ich weiß noch, wie die Kamera anging, ich den Mantel öffnete und die Menschen vor Entsetzen beinahe gegen die Straßenlaternen liefen, während ich mich seelenruhig in meinem Element suhlte. Ich schaute mich um und realisierte, dass ich 23 Jahre für diesen Moment gekämpft hatte: nackt und bitchy das zu tun, was meine Leidenschaft ist, und damit nicht nur mich finanziell zu versorgen, sondern auch andere. Zu checken, dass da ein Kamerateam werkelt, das ich bezahle, und dass da meine Make-up-Artistin und mein Stylist herumspringen, die durch mich Geld verdienen, machte mich unendlich stolz.

Als wir aus Straßburg zurück waren, packte ich sofort wieder meine Koffer und flog für einige Zeit nach Istanbul, da ich mir dort die Nase operieren ließ. Eine schmerzvolle Geschichte, die ich aber an anderer Stelle erzählen möchte. Als ich zurück war, sprang ich kopfüber in die Crosspromo für mein Album, indem ich mit etlichen großen YouTubern drehte, die wiederum dankbar waren für die Klicks, die mein Content ihnen brachte. Werbung für mich, Klicks für die YouTuber. Für alle Beteiligten eine Win-win-Situation und für mich die Gewissheit, dass ich trotz neuem Miniriecher allen anderen Künstlern damit eine Nasenlänge voraus war. Im Anschluss ging es an die Planung zum Song »Casino«. Für den Dreh, der ausschließlich in einer Hotelsuite stattfand, flogen wir in den Kosovo, weil dort die Produktionskosten recht fair sind. Für das Video orderte ich mir eine echte Schlange, mit der ich chillig posierte, während sich die Männer um mich herum vor Schiss fast in die Hose pinkelten. Das zeigt mal wieder, dass es völlig irrelevant ist, wie groß oder wie kernig jemand ist. Wahre Stärke kommt von innen. Es war amüsant, zu sehen, dass ich als kleines Mädel mit dem gestressten Reptil um den Hals völlig entspannt dalag, während die Möchtegernstarken den Schwanz einzogen und einen riesigen Bogen um das Vieh machten. Sie alle wussten, dass das kein trainiertes Filmtier war, sondern eine Kosovo-Schlange von irgendeinem Opa, der danebenstand und versuchte, das Tier in Schach zu halten. Die restlichen Schlangen am Set gehörten zu meinen sexy Statistenboys. Knackige Kerle mit nacktem Oberkörper und Vollbart, die sich um einen Tisch drapierten, damit sie mich füttern konnten, während ich mich lasziv auf der Tischplatte räkelte. Ich wunderte mich, warum die Jungs ständig auf Albanisch leise vor sich hin zischten, und bat jemanden am Set, mir heimlich ein paar Dinge zu übersetzen. »Boar, die Haut, die Beine, die Titten, ich flipp aus!« und »Wenn sie mein letzter Fick wäre, könnte ich in Ruhe sterben!«, jubelten die muskelbepackten Albaner mit dicken Ständern in der Hose. Normalerweise hätte ich jeden Einzelnen von ihnen geritten und die gesamte Suite mit einem amtlichen Gang-Bang auseinandergenommen, da mir die Typen wirklich gut gefielen. Diesmal aber riss ich mich zusammen. Hinsichtlich dessen bin ich professioneller geworden. Das hier war mein Dreh, meine Arbeit und nicht mein Vergnügen, weshalb ich im Anschluss die Muschi fest zusammenkniff und brav allein schlafen ging. Als »Casino« rauskam, war schnell klar, dass das der Song war, der allen ins Ohr geht, der gefällt und textlich nicht zu hart für den Mainstream ist. »Casino« ist mein erster Song, der auch im Radio läuft. Meine anderen, viel zu perversen Lieder werden sonst maximal in Shishabars gespielt. Als ich mich zum ersten Mal im Radio hörte, fühlte ich mich wie eine echte, von der Gesellschaft akzeptierte Künstlerin. Das war nicht immer so, denn normalerweise muss ich aufgrund meines Rufs ständig Millionen Mal mehr geben als andere, um überhaupt irgendwie geduldet zu werden. Nun aber ging alles ganz mühelos. Ich bekam Support von Leuten, die mich vorher nie unterstützt hätten. Auf einmal posteten viele bekannte Influencer den Song, Menschen, denen es vorher peinlich gewesen wäre, allein meinen Namen auszusprechen. Jetzt aber wurde ich überall gepostet, gestreamt und geklickt, was einen Grund hatte. »Casino« ist zu 100 Prozent Katja, obwohl kein Ficken darin vorkommt, was eine Seltenheit ist, in diesem Falle aber super funktionierte, da die Masse sich deutlich mehr mit dem Song identifizieren konnte.

Als Kontrast wählte ich für das letzte Albumvideo den Song »Rodeo«, da er textlich am krassesten ist. Denn ein Abschluss ohne Perversität ist wie Sex ohne Höhepunkt. Wir produzierten innerhalb eines Tages erneut einen One-Shot, quasi als Hommage an »Sex Tape«. Diesmal allerdings in den eiskalten Tiroler Bergen. Das Konzept ist schnell erklärt: Eine weiße und eine heiße Stute laufen durch den Schnee. Dann war das Ding im Kasten.

Seit der Albumproduktion fragen mich übrigens viele, ob ich nun offiziell eine Rapperin bin. Ja, das bin ich, da man diesen Begriff sehr weiträumig definieren kann. Genau genommen sehe ich mich als Künstlerin, die auch rappt, aber vor allen Dingen eins macht: Musik, auf die sie Bock hat.

CORONA, DU CUNT!

Nach knapp einem Jahr harter Arbeit und etlichen Videoproduktionen launchten wir mein Album »Boss Bitch« im Januar 2020. BÄM – Patz 1! Mein Vorhaben, jeden wegzubitchen, hatte tatsächlich funktioniert. Dass es am Ende aber der große Eminem sein würde, den ich mit meinem Album *Bo$$ Bitch* auf Platz 2 der Charts verdrängte, hätte ich mir nicht mal in meinen feuchtesten Träumen zusammengesponnen. Was war das für eine krass geile Scheiße? Mein Manager, der sehr erfolgsverwöhnt ist, lächelte nur zufrieden, während ich komplett ausrastete und vor Freude beinahe die gesamte Hotelsuite auseinandernahm. Das alles zu verarbeiten, war surreal. Eben noch in meinem kleinen pinken Kinderzimmer, lebte ich auf einmal ein Leben, das ich mir immer erträumt hatte. Presse, Fernsehen, Fame. Fast alle Zeitschriften und Fernsehsender berichteten über mein Album und das »Phänomen Katja« und sogar das seriöse, wenig Boulevard-affine Magazin *Der Spiegel* widmete mir und meiner schrägen Welt ein paar Seiten. Auch viele Promis schrieben und gratulierten mir und ich merkte, dass ich plötzlich noch einmal ganz anders wahrgenommen wurde. Seitdem nehmen mich selbst die letzten Skeptiker als Künstlerin ernst oder akzeptieren mich zumindest. Etwas, was ich mir nie erträumt hätte und worauf ich wahnsinnig stolz bin. Etwas, bei dem man aber auch vorsichtig sein muss. Es ist krass, zu beobachten, wie nett Menschen werden, wenn der Erfolg dich heimsucht. Ich freu mich über all den Zuspruch, aber jetzt ist es für mich noch schwieriger zu checken, wer real ist und wer nicht. Früher nicht grüßen, heute aber angewackelt kommen – leider gibt es solche Menschen tatsächlich, und das nicht zu knapp. Am liebsten wäre ich deswegen drei Wochen lang nackt und mit einem Mittelfingerplakat mit der Aufschrift »Nehmt das, ihr Fotzen!« durch Deutschland gerannt, aber das ging leider nicht, ich musste mich auf meine erste eigene Tournee vorbereiten.

Neben der Planung für die drei verschiedenen Outfits, das Bühnenbild, die Publikumseinbindung und die Merchandise-Produkte trainierte ich über Wochen hinweg jeden Tag vier Stunden lang mit meinem ge-

liebten Choreografen Aziz Kryeziu für die Show und nahm viele Ge-
sangsstunden. Am Ende dieser Vorbereitungen fühlte ich mich wie ein
neuer Mensch. Nicht nur, dass ich durch das krasse Work-out etliche
Muskeln bekam, auch meine Tanz-Skills explodierten. Niemals hätte
ich gedacht, dass tägliche Trainingsroutine so viel ausmachen würde,
aber das tat sie. Disziplin ist alles, auch was das Tanzen angeht. Eines
war mir nämlich von vornherein klar: Wenn ich auf Tour gehe, wird das
nicht einfach nur ein normales Konzert, sondern eine gottverdammte
Show. Ich wollte den Fans echtes Entertainment bieten, und so nahm
ich die gesamte Kohle, die lockerzumachen war, um genau das zu realisieren. Wir verpflichteten mit Lena und Hanna zwei sensationelle
Tänzerinnen, orderten Pyroeffekte und riesige Konfettikanonen, pro-
grammierten individuelle Visuals für die riesigen LED-Wände, holten
Pizzaboy Max, den Sugar Daddy und buchten für die Backstagepartys
einen ultrafetten Tourbus. Dazu überlegte ich mir eine Message, mit
der jede Show eröffnet werden sollte, damit die Fans verstanden, an was
für einem wichtigen Punkt ich mich in meinem Leben befand. Über
die Lautsprecher hörte man meine Stimme aus dem Off, während auf
einer riesigen Leinwand folgender Text eingeblendet wurde:

> Unsere Gesellschaft bringt uns bei:
> Sei tolerant, akzeptiere andere.
>
> Wenn ich so sein soll, wie ich bin:
> Wieso wurde ich dann ausgelacht, als ich
> High Heels in der Schule trug?
>
> Wenn ich so sein soll, wie ich bin:
> Wieso wurde ich angespuckt und geschlagen,
> nur weil ich gerne viel Sex hatte?

Wenn ich so sein soll, wie ich bin:
Wieso wurde ich in den See geschubst, nur weil ich
mich nicht geschämt habe, mit Push-up, Socken im
BH, Extensions und viel Make-up rauszugehen?

Viele haben mich gehasst.
Viele haben mich nicht verstanden.
Viele haben mich leiden lassen.

Und das alles nur, weil ich ich selbst war.
Eine Bitch, die das sagt, was andere
sich heimlich denken.
Eine Bitch, die vieles tut, was andere
insgeheim auch gerne tun würden.

Nur meine Mutter war für mich da, als ich
in meinem Kinderzimmer geweint habe.
Nur meine Mutter war für mich da in den Tagen,
als jeder zweite YouTuber Videos gegen mich
gemacht hat und mich zerstören wollte.
Nur meine Mutter war für mich da, als
die Presse mich zerrissen hat.
Doch ich habe nicht aufgehört.

Ich habe den Hass der anderen wie Rauch
inhaliert und noch stärker an mich geglaubt.
Denn ich hatte einen fucking Traum.
Es zu schaffen, genau so, wie ich bin!

Und jetzt kommen sie an, die ganzen
Hurensöhne, die nie an mich geglaubt haben.
Sie gratulieren mir und hoffen,
dass ich ihnen antworte.
Sorry, keine Zeit, ich bin auf Boss-Bitch-Tour.
Ach, was sag ich da, die ganzen Hater von
damals sehen doch meine Tourstorys.

All der Hass hat mich stärker gemacht
als 10 000 Hater zusammen.
All der Hass hat gezeigt, dass Wille
stärker ist als jede Hürde.
All der Hass macht meine Titten noch geiler.
All der Hass zeigt auch dir, dass
du alles schaffen kannst!

Wir zusammen beweisen allen da draußen, dass wir
BOSSE UND BOSS BITCHES SIND!

Durch euch bin ich jetzt das, was ich bin,
und dafür danke ich jedem Einzelnen, der
heute hier ist! ICH LIEBE EUCH!

Ich bin nicht mehr nur einfach eine Bitch.
ICH BIN EINE MOTHERFUCKING BOSS BITCH!

Als es Anfang März dann endlich losging mit der Tour, war ich voll-
gepumpt mit Adrenalin. Hoch motiviert, maximal konzentriert und
perfekt vorbereitet, wuppten mein Team und ich alles, was wir uns
vorgenommen hatten. Zu sehen, wie gut alles funktionierte und wie

die Fans die Show feierten, erfüllte mich zutiefst mit Glück. Das ganze Setting war so wunderbar, dass ich nach den ersten vier Shows am liebsten hundert weitere gespielt hätte. Allein meine Mama dabei zu beobachten, wie sie im Publikum vor Stolz fast platzte, dafür hatte sich der ganze Aufwand schon gelohnt. Doch alles sollte anders kommen, denn ehe ich michs versah, war die gerade gestartete Tour auch schon wieder vorbei. Wie ein Tsunami schwappte das Coronavirus von China über Europa und fickte am Ende eben auch mich. Aus, vorbei, Ende, und das schon nach vier Konzerten. Dabei hätte ich lieber alle Schwänze meiner Fans gelutscht, statt die Tour abzublasen. Einen Tag bevor wir nach München fuhren, hieß es nämlich noch, man dürfe Konzerte vor bis zu 1000 Leuten spielen, was gepasst hätte, da in das Münchener Technikum etwa so viele hineinpassen. Am Konzerttag aber wurde dann vom Gesundheitsamt verkündet, dass nur noch 500 Gäste erlaubt seien, weswegen ich entschied, einfach zwei Shows zu spielen. »Leute, wir cheaten das scheiß Coronavirus!«, rief ich spontan übers Netz auf und bat alle, die schon früher konnten, sofort zur Konzerthalle zu kommen, damit wir so die Auflagen umgehen konnten. Es war mir latte, den doppelten Aufwand zu haben, wichtig war mir nur, dass die Fans nicht enttäuscht werden. Bis zu diesem Zeitpunkt lief noch alles perfekt, aber nach dem ersten Konzert ließ die Behörde das zweite unterbinden. Das tat mir so unendlich leid für alle, die schon vor der Halle standen, doch mir blieb nichts anderes übrig, als den Fans – immerhin persönlich – die Lage zu erklären. Wir waren schlichtweg dazu gezwungen, so wie auch alle anderen Künstler ihre Konzerte absagen mussten. Die Gesundheit der Gesellschaft geht vor, aber ich verspreche hiermit hoch und heilig, dass ich alle Termine nachhole. Und wer mich kennt, der weiß, dass diese Shows noch geiler werden als die letzten, da ich mich niemals auf alten Lorbeeren ausruhen würde.

Jede Krise birgt auch eine Chance, und so nahm ich mir vor, während der kollektiven Corona-Zwangspause etwas zu erschaffen, statt nur Trübsal zu blasen. Wieso zu Hause nur rumsitzen und nichts tun, wenn man auch produktiv sein kann, überlegte ich mir und schob mein lang ersehntes Buchprojekt an. Wann könnte man besser über sein Leben nachdenken und Bilanz ziehen als zu Zeiten, in denen man zum allgemeinen Lockdown gezwungen wird? Eben. Diese Zeit lehrte mich Dankbarkeit und zeigte mir, dass es seelisch durchaus klug ist, sich mit erlebten Dingen intensiv auseinanderzusetzen. All die Geschehnisse, die ich in den letzten Jahren erlebte, sackten tief und mir wurde klar, was ich für eine Entwicklung durchlaufen hatte. Ich war tatsächlich damit Kult geworden, wofür ich früher immer ausgelacht und verspottet worden war. Und ich wusste den Grund dafür. Ich ging immer straight meinen Weg, hatte die Kraft, mein Ding durchzuziehen, egal was andere über mich sagten, egal wie wenig andere an meinen Erfolg glaubten. Es gibt Künstler, die machen 20 Jahre lang Musik, ohne dass es jemanden interessiert, doch weil es ihre Leidenschaft ist, spielen sie immer weiter. Und dann, eines Tages, gehen sie mit einem Song auf eins, werden Legenden und füllen Stadien. Wenn man seiner wahren Leidenschaft folgt, sollte man sie konstant verfolgen. Ohne Wenn und Aber. Ohne Pausen und immer mit dem ganzen Herzen. Für mich ist die Nummer-eins-Platzierung bis heute kaum zu realisieren. Es ist einfach zu krass. Ich reflektiere – auch durch dieses Buch – derzeit so viele Dinge. Manchmal sitze ich auf dem Sofa, gucke aus dem Fenster und bekomme richtige Erkenntnisflashs. Ich denke: Alter, was habe ich für ein geiles Auto, was habe ich für eine krasse Uhr, was für eine schicke Bude. Und dann plötzlich bleiben meine Gedanken stehen und ich checke: Völlig egal, nur materielles Zeug, aber ALTER, was habe ich für eine tolle Mama, was habe ich für wunderbaren Zuspruch, was für einen krassen Erfolg und was für eine starke Gesundheit. Es ist so ungemein wichtig, sich jeden Tag daran zu erinnern, worüber man glücklich und dankbar sein sollte, und glaubt mir, es sind nicht das Auto und die Uhr, die einem die Glückseligkeit bescheren. Ich habe das eine Zeit lang oft vergessen. Also, Bitches, glaubt an eure Träume, zieht durch, was eure Leidenschaft ist, und seid dankbar für jeden kleinen Schritt, der euch Richtung Erfolg und Zufriedenheit bringt. Und sollten wieder harte Zeiten kommen – so wie beispielsweise die Coronakrise –, seid flexibel, lasst euch nicht demotivieren und macht aus der Situation das Beste, denn nur so geht Fortschritt. Also, ihr kleinen Schlampen, CLEAN HANDS, DIRTY MINDS! Amen.

10. Gebot

PIMP IT ALL UP! BARBIE BITCHES HABEN'S LEICHTER!

Äußerlich fake, innerlich real – wie ich mich veränderte, um ich zu sein

Wer schön sein will, muss leiden. Keine Ahnung, von welcher Bitch dieser Spruch stammt. Aber es muss definitiv eine Heilige gewesen ein. Denn nur die weiß, wie viele Tränen und Schmerz es kostet, bis du so aussiehst, dass du in den Spiegel blickst und sagst: Geil, gefällt mir. Bei mir hat es lange gedauert, bis ich das behaupten konnte. Mein Schönheitsideal ist nämlich der klassische Barbie-Look: große Möpse, dicke Lippen, kleines Näschen. Und keins von diesen drei Dingen hatte mir die Natur geschenkt. Dafür aber jede Menge Willensstärke.

Ich weiß, ich bin nicht gerade bekannt dafür, mit meinen Reizen zu geizen. Warum sollte ich auch? Aber das war eben nicht immer so. Bei mir fing alles mit der Nase an. Ich hatte einen richtigen Zinken. Ich hasste meine Nase extrem und hatte krasse Komplexe deswegen. Wenn du kleine Boobies hast – und die hatte ich zu allem Übel auch noch –, kannst du die wenigstens aufpushen, ein bisschen tricksen. Aber was willst du bei einer Nase faken? Morgens, erster Blick in den Spiegel: Kotzanfall. Da nützt auch die fetteste Schminke nichts. Dauernd das fiese Gerät mitten im Gesicht. Ich war ein Nasenhase statt ein Blasehase. Und das, obwohl ich die Blowjob-Queen bin! Das ging gar nicht. Natürlich mobbten sie mich deswegen auch in der Schule, was aber nicht der Grund dafür war, diese Nase so schnell wie möglich loszuwerden. Es wäre mir egal gewesen, wenn nur andere die Nase hässlich gefunden hätten. Meine innerliche Hölle lodert nämlich erst dann, wenn mir selbst etwas nicht gefällt, und diese riesige Gurke war einfach kacke. Immer wenn ich irgendwo eingeladen war, kam meine Nase eine halbe Stunde vor mir in den Raum. Ist doch einfach mau, so ein Gesichtspimmel.

Dementsprechend konnte ich es gar nicht erwarten, bis ich endlich 18 war. Sofort fuhr ich nach Tschechien zu einer Schönheitsärztin und ließ mich beraten, wie ich die Nase bekomme, die mir fehlt. Ich wollte endlich wieder glücklich sein, allerdings nur zu einem fairen Preis, weswegen ich mich für die günstige tschechische Klinik entschied. Das Team dort und auch Frau Dr. Knorpelkiller waren supernett. Ich fühlte mich wohl, und auch als ich nach der OP aus der Narkose erwachte, ging es mir einigermaßen gut. Die Schmerzen waren unangenehm, aber auszuhalten. Ich war einfach happy, den Zinken endlich los zu sein. Dachte ich zumindest. Das böse Erwachen kam nämlich erst zwei Monate später, als die Schwellungen vollständig zurückgegangen waren. Ich betrachtete die neue Nase und hätte kotzen können. Nichts von dem, was ich da sah, gefiel mir. Mein Gesicht war von Frau Dr. Knorpelkiller regelrecht vergewaltigt worden, indem sie den Haken viel zu schanzig runtergeschliffen, den fetten Teil vorne an der Nase aber so gelassen hatte, wie er war. Das führte zu einer komischen Kombination aus Skisprungschanze und Hängekolben, eingerahmt von ein paar hexenähnlichen Nasenlöchern, in die man seitlich hineingucken konnte. Das war der Albtraum, zumal ich öffentlich zu der OP stand. Natürlich checkten die Leute sofort, dass das zusammengeschusterte Ding nicht geil aussah, und ließen mich das auch wissen. Ich so: Na geil, da unterziehe ich mich einer Operation, latze einen Haufen Kohle, ertrage Schmerzen, und dann sehe ich trotzdem noch scheiße aus. Mir war sofort klar, dass ich die Nase irgendwann noch einmal korrigieren lassen muss. Zuerst aber wollte ich meinen Brustkomplex mit ordentlich Silikon ausmerzen. Ich stellte mir vor, wie ich mit riesigen, wippenden Gummiglocken einen Typen reite, und jauchzte vor Entzückung. Endlich keine mit Socken ausgestopften Push-ups mehr tragen! Endlich einen amtlichen Tittenfick zelebrieren! Ich konnte gar nicht aufhören, darüber nachzudenken, wie geil ich mich mit dicken Brüsten fühlen würde. Jahrelang war es ja so: Machte ich mit einem Typen rum, kam irgendwann der Punkt, an dem ich mich ausziehen musste. Dann fielen die Socken raus – das war megapeinlich. Illusion dahin. Aber eine Bitch ist nicht blöd. Also behielt ich beim Sex oft das T-Shirt an, was die Typen natürlich nicht immer geil fanden. Ließ ich meine beiden Erbsen doch mal wieder raus aus ihrem Gefängnis, fühlte ich mich nie gut dabei. Für mich muss eine Frau amtlich Vorbau haben. Mir gefällt das einfach. Und jetzt war ich kurz davor, endlich einen zu bekommen. Meine Mama hingegen fand das alles gar nicht gut. »Kind, du hast doch so tolle Brüste, ist doch egal, ob sie klein sind. Hauptsache, eine schöne Form«, versuchte sie mich umzustimmen. Aber keine Chance. Viel zu lange träumte ich schon von großen, unechten Hupen à la Coco Austin.

Als 16-Jährige gab ich meinen Minimöpsen die Namen Coco und Chanel. Und glaubt mir, die zwei waren für Größeres bestimmt, so viel stand fest. Klar, ich hatte Komplexe wegen meines Flachlandes, aber eins muss ich festhalten: Ich war kein Psychowrack. Man muss seelisch nicht automatisch am Ende sein, wenn man etwas an sich machen lässt. Ich hatte einfach ein Ideal im Kopf, an das ich herankommen wollte. Ich wollte schön sein für mich und mein Wohlbefinden. Und schön ist für mich persönlich einfach alles, was unecht und krass aussieht. Von allem etwas zu viel ist exakt das, was ich geil finde. Und es ist doch toll, dass es heutzutage die Möglichkeit gibt, sich so formen zu lassen, wie man möchte. Ich finde, wenn man das Geld dafür hat und alt genug ist, ist es völlig legitim, an sich herumzuwerkeln. Pimp it all up, eben!

Da ich wegen der Nasen-OP nicht mehr ganz so flüssig war, entschied ich mich, für den Busen wieder nach Tschechien zu fahren. Dort kostet eine Brustvergrößerung nur die Hälfte, alles in allem aber trotzdem noch gute 3000 Euro. Gemeinsam mit meiner Mum fuhr ich also sechs Monate später wieder in die gleiche Klinik nach Prag. Das mag für viele absurd klingen, genauso wie für mich – wenn ich heute darüber nachdenke. Aber damals schaltete der Wunsch nach Titten tatsächlich meinen Verstand aus. Da Frau Dr. Knorpelkiller in Tschechien so nett war, verzieh ich ihr tatsächlich die vermurkste Nase und dachte, dass sie sich bei meinen Brüsten dann umso mehr Mühe geben würde. Von da an war sie nämlich für mich Frau Dr. Tittentrick und ich hoffte, dass sie ihren ganzen Zauberkasten mit in den OP-Saal nehmen würde. »Zweimal richtig groß machen, bitte!«, gab ich ihr meine Order durch, dann schuppte mich die Narkose in einen schönen Gummi-hupentraum. Nach einer Dreiviertelstunde hatte Frau Doktor meine Minimöpse ordentlich gepimpt: Coco war jetzt um 400 Gramm Sili-kon, Chanel um 420 Gramm Silikon schwerer. Jupi-jai-yeah! Erstaun-lich schmerzfrei erwachte ich aus der Betäubung. Natürlich wunderte ich mich, warum das gar nicht wehtat und ich mich bewegen konnte, obwohl mir jeder vorher prophezeit hatte, dass diese Operation die absolute Schmerzhölle sei. Egal, ich war einfach nur glücklich über die neuen Brüste und dachte nicht weiter darüber nach. Meine Mutter hingegen traute der Sache nicht und ließ mich keine Sekunde aus den Augen, weil sie dachte, dass da eventuell noch Schmerzen um die Ecke kommen würden. Obwohl es verboten war, übernachtete sie heimlich bei mir im Patientenzimmer und legte sich lautstark mit dem Klinik-personal an, als sie uns erwischten. Ach, meine Mama. Sie ist einfach die Beste.

Als wir nach einigen Tagen wieder zurück in Leipzig waren, chillte ich noch zwei Wochen und guckte den selbstauflösenden Fäden beim Verschwinden zu. Dann begann mein neues Leben. Ich fühlte mich einfach nur befreit und erleichtert, nicht mehr täglich vortäuschen zu müssen, dass ich Holz vor der Hütte hätte. Ich hatte nun tatsächlich einen ganzen Wald vor dem Häuschen. Von da an war ich eine geile Tanne, keine Frage. Erstaunlicherweise reagierten die Leute recht ver-blüfft, als ich von der Operation erzählte: »Hä? Deine Brüste waren doch groß, warum hast du die machen lassen?« Grinsend realisierte ich, dass die meisten YouTube-Fans gar nicht gecheckt hatten, dass mein Vorbau jahrelang aus Socken bestand. Nur die fiesen Schlampen aus Leipzig wussten, dass bei mir obenrum alles fake war. Nicht um-sonst hatten sie mich in den See geschmissen. Doch damit war nun

Schluss. Als die Brüste einigermaßen abgeheilt waren, telefonierte ich wie wild alle meine männlichen Kontakte durch und drückte im Anschluss jedem Einzelnen von ihnen meine neuen Glocken ins Gesicht oder quetschte ihre Pimmel dazwischen. DING, DONG! Herrlich – ich war im Sexhimmel!

Wie ein Glockenschlag traf es mich allerdings ein paar Monate später. Ob eine Brust-OP gut geworden ist, weiß man nämlich erst nach einem Jahr. Dann ist die letzte Schwellung verschwunden und die Implantate sind im besten Fall korrekt verwachsen. Als ich nach exakt zwölf Monaten auf meinen Silikonbusen schaute, traf mich jedoch der Schlag. Heilige Scheiße, was ist das denn bitte? Sobald ich mich nach vorne beugte, sah ich seitlich fiese Dellen. Und auch im BH sah mein Ausschnitt auf einmal wellig aus. Wenn ein Implantat Falten bildet, nennt man das im Fachjargon Rippling. Das passiert immer dann, wenn ein Arzt fälschlicherweise die Implantate über dem Brustmuskel verpflanzt, und das, obwohl die Patientin nicht genügend eigenes Drüsen- und Fettgewebe hat. So war es wohl auch bei mir. Derart große Implantate hätten niemals über dem Brustmuskel positioniert werden dürfen, da mein Drüsengewebe viel zu gering war, um das Implantat zu umschließen. Die Dinger kamen also nach dem Abschwellen direkt mit der Haut in Kontakt und präsentierten sich jetzt in all ihrer widerlichen Faltigkeit. Das kennt man auch aus Pornos. Dort haben viele Darstellerinnen alte und falsch eingesetzte Implantate. Diese wackelnden Wellen in den Plastikmelonen sieht man immer dann besonders, wenn die Mädels sich vornübergebeugt von hinten knallen lassen. Entsetzlich – und ich gehörte jetzt dazu. Ich fühlte mich wie eine 300 Jahre alte Schildkröte und begann fortan, mich wieder komplett zu verhüllen. Stinksauer stach ich ein paar Voodoo-Nadeln in eine Puppe, die ich feierlich Frau Dr. Tittentrick nannte. Wie konnte diese Frau erst meine Nase und dann auch noch meine Brüste ruinieren? Ich war fertig. Und stinksauer!

Es verging ein weiteres Jahr, bis ich die Sache wieder in Ordnung bringen konnte, da ich den Schock erst einmal verarbeiten musste. Mit 7000 Euro in der Tasche fuhr ich nach meiner »mentalen Genesung« in eine renommierte Klinik nach Düsseldorf, um dort die Korrektur-OP durchführen zu lassen. Der Arzt konnte das Mops-Desaster gar nicht fassen. »Mädchen, Mädchen, da wurde in der Tat ordentlich gepfuscht! Aber Kopf hoch, Brüste raus, wir retten das!«, versprach er mir und erklärte, dass ich nun neue Implantate bekomme, die unter dem Brustmuskel gesetzt werden. So nämlich kann der Muskel den Fremdkörper abdecken und es entsteht kein Rippling. Bedauerlicherweise nahm er mir gleich den Traum von noch dickeren Brüsten. Die hatte ich mir in diesem Zuge natürlich gewünscht. Wenn ich schon erneut unters Messer musste, wollte ich wenigstens etwas davon haben. Aber Pustekuchen. Mein zierlicher Muskel hätte noch größere Implantate nicht abdecken können, und so hätte ich nach einem Jahr wieder das gleiche Problem gehabt. Das gefiel mir nicht, aber was blieb mir übrig. Wellen und Dellen waren keine Option.

Meine Mama hielt mir das Händchen, als ich in den OP geschoben wurde, dann musste sie draußen warten. Normalerweise dauert eine Brustvergrößerung nicht lange. Doch als nach einer Stunde immer noch niemand herauskam, wurde meine Mutter nervös und fragte die Dame an der Rezeption, ob alles in Ordnung sei. Die vertröstete sie zuerst noch, doch als zwei weitere Stunden vergingen, war klar, dass es Komplikationen gab. Beim Herausnehmen der alten Implantate sah der Arzt nämlich, dass Frau Dr. Tittentrick alles andere als magisch gearbeitet hatte. Mein Muskel war auf einer Seite völlig zerfetzt, und das, obwohl die Silikonpolster darüber lagen. Dieses Schlachtfeld musste in einer langen und gefährlichen Aktion korrigiert werden. Als ich nach der mehrstündigen Narkose erwachte, ließ ich mich sofort mit Schmerzinfusionen vollpumpen. AUA! Das, was ich da fühlte, war anders nicht auszuhalten. Der Arzt erklärte, warum es sich diesmal so extrem qualvoll anfühlte. Wenn man ein Implantat unter den Muskel setzt, muss man diesen erst lösen und dehnen, was sehr wehtut, erst recht, wenn er eh schon kaputt ist. Obendrüber platziert merkt man Implantate hingegen kaum, was auch erklärt, warum es mir nach der ersten OP so gutging. Diesmal war alles extrem schmerzhaft und die Heilung dauerte deutlich länger als beim ersten Mal. Sechs Wochen lang schlief ich auf dem Rücken, hob keine schweren Sachen und auch meine Arme nur bis auf Schulterhöhe. Nach solch einer OP muss man aufpassen, dass die Polster bei einer ruckartigen Bewegung nicht unter dem Muskel hervorflutschen. Deswegen darf man erst wild vögeln, wenn die Dinger komplett eingewachsen sind. Als ich nach einem Jahr wieder vor dem Spiegel stand und mich begutachtete, war ich unglaublich glücklich. Alles saß perfekt, nichts wellte sich und auch heute noch sehen meine Boobs aus wie zwei pralle Granaten.

Diesen fiesen OP-Marathon hätte ich mir ersparen können, wenn ich direkt zu einem ordentlichen Arzt gegangen wäre, statt ein Schnäppchen zu machen. Man muss wirklich aufpassen mit solchen Operationen. Lieber spart man richtig lange und hat ein gutes Ergebnis, als rumkorrigieren zu müssen, weil man in einer Billo-Praxis war. Keiner weiß das besser als ich, denn auch die Reparatur meiner verschandelten Nase stand mir ja noch bevor. Doch erst mal war ich bedient mit Schönheitsoperationen.

SCHNIPP, SCHNAPP, ÖHRCHEN AB!

Es dauerte drei Jahre, bis ich mich endlich traute, auch den Nasenfail reparieren zu lassen. Im Herbst 2019 flog ich dafür in die Türkei. Nicht weil es dort billiger ist, sondern weil die Ärzte in Istanbul auf Nasen spezialisiert sind. Fast jede Frau lässt sich dort die Nase richten. Ich checkte in die beste Klinik der Stadt ein und ließ mich ausgiebig beraten, da ich mit meiner verschandelten Kacknase ein Spezialfall war. Doch das war kein Problem für die dortigen Beauty-Koryphäen! In einer mehrstündigen Operation entnahm man mir Knorpel aus dem Ohr und verpflanzte diesen in meine Nase. Ohne den Aufbau wäre eine Korrektur nicht möglich gewesen, da Frau Knorpelkiller ihrem Namen alle Ehre gemacht und viel zu viel vom Nasenknochen runtergeschliffen hatte. Darüber hinaus verwandelte der türkische Nasenking meinen heruntergezogenen Knubbel in eine wunderschöne Nasenspitze. Und aus dem Rest des Knorpels zauberte er mir ein paar geile Nasenlöcher. Was für eine Fummelarbeit, aber das Ergebnis war traumhaft! Als ich mich zum ersten Mal sah, konnte ich es kaum fassen. Ich sah aus wie eine gottverdammte Queen! Auch wenn meine Freude darüber nur kurz war, da mich die Schmerzen sofort wieder im Griff hatten. Die Beschwerden, die ich nach dieser Operation durchlief, sind nicht in Worte zu fassen. Hätte ich gewusst, wie qualvoll die Wochen danach sind, hätte ich mich niemals operieren lassen. Es war die Hölle. Ich hatte Schmerzen des Todes und wollte wirklich sterben. Man kann nicht richtig schlafen, weil alles so wehtut. Dann ist man übermüdet, kann aber immer noch nicht pennen. Durch die fetten Tamponaden, die sieben Tage lang die Nasenlöcher komplett blockieren, kriegt man keine Luft. Das fühlt sich nicht nach Schnupfen an, sondern eher so, als ob die Nase gar nicht mehr existieren würde. Man kann einfach nicht mehr atmen und wird depressiv. Im Klartext: Man ist nicht nur körperlich down, sondern auch seelisch.

Ich jammerte und heulte den ganzen Tag: Ich will nicht mehr, ich kann nicht mehr, ich bereue es und muss alle warnen, dass sie das niemals machen dürfen! Ich hatte die Folgen einer solchen Operation einfach unterschätzt. Man denkt sich, okay, ich lege mich hin, am nächsten Tag wache ich auf und dann werde ich entlassen. Aber man leidet, egal wo man ist, auch wenn man schon aus der Klinik raus ist. Ich lag eine Woche lang in Istanbul im Hotelzimmer und jaulte wie ein verprügelter Hund. Wenn meine Mutter mir in dieser Zeit nicht 24/7 beigestanden hätte, wäre ich durchgedreht. Vor allem weil die Leute in der Klinik so herzlos und kalt arbeiteten. Sie haben mich perfekt operiert, waren aber von ihrer Art alles andere als liebevoll. In Deutschland ist man es gewohnt, dass Menschen in einer Privatklinik einfühlsam sind, dass sie einen streicheln und sagen, alles wird gut. Dort aber hat mich das Personal nicht mal mit dem Arsch angeguckt. Und da muss man einfach reif und stark genug sein, um damit umgehen zu können.

NEUE NASE, NEUES LEBEN?

Zurück in Deutschland drehte ich direkt ein paar Promovideos mit anderen YouTubern. Ich musste schließlich mein Album bewerben. Blöderweise war meine Nase noch recht geschwollen, was die Fans sofort checkten. Natürlich hatte ich Angst, dass die Leute sagen würden, dass es scheiße aussieht, und dass ich nur einen Millimeter denken könnte, dass sie recht hätten. Klar ist jedoch: Ich habe das für mich gemacht; wenn es mir gefällt, gefällt es mir, und wenn andere es doof finden, ist das nicht mein Problem. Aber man will nicht ständig hören, dass man kacke aussieht, weswegen ich ultrahappy war, als ich merkte, dass die Fans nur Positives in den Kommentaren schrieben. Scheiß drauf, dachte ich mir, jetzt kann ich es auch offiziell zugeben! Ich bin eh Plastik. In einem

Interview mit Bruce von Hiphop.de habe ich daraufhin die Nasenbombe platzen lassen und die Gerüchte bestätigt. Da sagt der doch glatt: »Das ist aber kacke! Ich fand das voll cool, dass du so eine Scheißnase hattest, weil das war etwas Einzigartiges!« Auch eine akzeptable Sichtweise, wie ich finde. Aber ich gefalle mir mit der perfekten Barbie-Nase einfach viel besser und hey, von meinem Charakter her bin ich einzigartig genug.

Es ist übrigens phänomenal, wie die Psyche mich seitdem hin und wieder verarscht. Ich habe meine Traumnase, aber manchmal fühle ich mich innerlich so, als hätte ich noch die alte. Ein Phantomzinken sozusagen. Das ist komplett irre, weil ich natürlich weiß, dass der Riecher gemacht ist. Wenn ich dann wieder in den Spiegel schaue, realisiere ich, wie schön ich aussehe. Aber zuweilen vergesse ich das. Dann renne ich tatsächlich immer hektisch vor den Spiegel, um mich zu vergewissern, dass alles perfekt ist. Auch vor der Kamera checke ich oft nicht, wie krass ich gerade für die anderen aussehe. Erst wenn ich später das Gedrehte anschaue, denke ich mir: Oh mein Gott, wie geil sieht das aus?! Innerlich bin ich eben oft noch das komplexbeladene, unoperierte Mädchen von damals. Das ist krank. Deswegen gucke ich von morgens bis abends in den Spiegel. Die Angst ist einfach riesig, dass ich meine Verwandlung eventuell nur geträumt haben könnte.

Ich kann es nicht häufig genug erwähnen: Solche Schönheits-OPs sind nicht ohne und sollten gut überlegt sein. Es ist wichtig, sich klarzumachen, ob man die OP selbst will oder ob andere einen beeinflussen. Es gibt viele Mädchen, die sich die Brüste operieren, um ihren Kerlen zu gefallen. Oder Frauen, die sich überall absaugen lassen, weil der Typ sagt, dass sie fett seien. Das ist falsch und man sollte das niemals tun! Änderst du dich für jemanden, der nur wegen Äußerlichkeiten mit dir zusammenbleibt, wird es dich niemals befriedigen. So ein Typ verpisst sich eh sofort, wenn eine Geilere um die Ecke kommt. So viele OPs kann man gar nicht machen, um einen Typen auf ewig zu halten. Will dein Freund, dass du dich operieren lässt, ist er ein Arschloch! Ist es dein ganz eigener Wunsch, bist du eine selbstbestimmte Queen! Ich finde nicht, dass man automatisch ein fehlendes Selbstbewusstsein hat, nur weil man sich pimpen will. Für viele ist eine Operation eine echte Erlösung, weil sie sich danach einfach besser und schöner fühlen. Solange man das für sich selbst will, finde ich es gut. Das heißt aber nicht, dass man nicht aufpassen muss. Ich vergleiche Schönheits-OPs gern mit Tattoos. Übertreibt man es mit ihnen, sieht man irgendwann scheiße aus. Bis auf Botox und Hyaluron-Filler für dicke Lippen lässt sich nämlich nichts davon rückgängig machen. Implantate wieder rauszunehmen, ist zwar möglich, die Haut bleibt allerdings weiter gedehnt, und das führt automatisch zu einer Straffung mit Narben. Mit den Konsequenzen solcher OPs hat man teilweise lange zu kämpfen. Ich habe mit der Nase beispielsweise heute noch Probleme. Oft tut sie beim Schlafen weh: immer dann, wenn ich auf der Seite liege, und das, obwohl die Operation schon ein halbes Jahr her ist. Und manchmal tut sie einfach nur so weh. Säubern kann ich das Ding auch nur ganz vorsichtig mit Wattestäbchen, da ich Panik habe, etwas kaputt zu machen. Bei Instagram überhäufen mich die Mädels mit Komplimenten. Etliche Nachrichten lauten: »Wo hast du deine Nase machen lassen? Die ist soooo toll!« Das ist mau, weil sie nicht wissen, wie weh das tut. Ich habe viele Fans daraufhin gewarnt, wie hart der Schmerz ist, und habe erzählt, wie lange ich deswegen psychisch am Stock ging. Und doch ist es eben gerade dieser auffällige Look, der dazu führt, dass ich besonders schnell erkannt werde, wenn ich unterwegs bin. Das wünschen sich sicherlich einige, da diese Aufmerksamkeit natürlich geil ist. Laufe ich durch eine Shoppingmall oder an einer Schule vorbei, versammelt sich innerhalb weniger Minuten ein ganzer Teenagermob um mich herum. Ich liebe das! Sofern die Menschen nett nach einem

Selfie fragen, gibt es doch nichts Schöneres. Ich bekomme so viel Liebe durch diese kurzen Aufeinandertreffen. Zu sehen, wie happy die Leute sind, macht mich unglaublich dankbar. Der Hype, den ich da auslöse, ist extrem. Es kommen sogar viele Mädchen auf mich zu, die vom Look her komplett anders oder völlig ungestylt sind. Die erzählen mir, dass ich ihr Vorbild bin, weil ich ihnen mit meiner Art Selbstbewusstsein geschenkt habe. Das ist toll und zeigt mir, dass ich Mädchen gar nicht im Sinne von »Aussehen« verändere. Deshalb kann man mir auch nicht vorwerfen, dass ich irgendjemanden in die OP-Sucht treibe. Ich weiß, dass meine Fans schlau genug sind, zu realisieren, dass es darauf nicht ankommt. Die Leute, die mich kennen, wissen, dass ich sie nicht verändern will. Sie wissen, dass ich normal denke und jeden so akzeptiere, wie er ist. Es gibt sogar Fans, die mir unverblümt sagen, dass sie den operierten Look scheiße finden, aber meinen Charakter lieben. Ein schöneres Kompliment gibt es nicht! Weil am Ende geht es optisch eben nur darum, sich selbst gut zu fühlen. Und um wirklich ich zu sein, musste ich zwangsweise mein Äußeres verändern. Das zu erkennen, war ein langer Weg, aber ich habe es durchgezogen und fühle mich übertrieben gut damit. Äußerlich fake, innerlich real. Besser kann man mich nicht beschreiben.

EITEL VOM SCHEITEL UND BIS ANS ENDE DER WELT

Wer schön sein will, muss leiden. Das erwähnte ich ja bereits. Nicht aber, dass das Leiden diesbezüglich viele Gesichter haben kann: körperlicher Schmerz, finanzielle Einbußen, Verzicht oder allgemeine Strapazen. Alles Dinge, die bei mir zutreffen, da sich in meinem Leben alles um meinen Körper und mein Aussehen dreht. Ich muss zugeben, dass ich so eitel bin, dass ich kein Problem damit habe, mich fünf, sechs Stunden lang zurechtzumachen. Für mich ist das Wichtigste, dass ich das Gefühl habe, gut auszusehen. Wenn ich weiß, dass ich den perfekten Look habe, fühle ich mich den ganzen Tag wohl und bin superhappy. Klappt das nicht, macht mich das fertig. Dann gehe ich nicht aus dem Haus. Was nicht heißt, dass es für mich ein Problem ist, auch mal ungeschminkt zum Bäcker zu gehen. Aber wenn ich einen Termin habe, will ich einfach bombe aussehen. Ich muss mir dann zu 100 Prozent gefallen. Stimmt irgendetwas mit meinem Outfit nicht, ist der Tag gelaufen. Ich habe dann auf nichts mehr Bock. Hashtag Hate! Deswegen ist es mir nie zu anstrengend, mich stundenlang zurechtzumachen. Wenn ich verreise, nehme ich eine Milliarde Koffer mit. Ich packe bestimmt vier, fünf Stunden für die Scheiße und mache von jedem Outfit ein Foto, bevor ich es in die Reisetasche lege. So habe ich immer den Überblick und kann morgens im Handy checken, auf welchen Look ich Lust habe. Ich genieße das und will für jede Situation vorbereitet sein. Vorbereitung ist alles. Ich bin in der Hinsicht Perfektionistin. Für mich ist Anziehen Leidenschaft! Egal wie müde ich bin oder was es für eine Strapaze ist, ich probiere trotzdem alle Outfits und überlege, welches Make-up am besten dazu passt.

Früher war ich nicht so schön geschminkt. Ich hab irre Schminkklopper gebracht: Abrasierte Augenbrauen, ein orangenes Gesicht – also typische Make-up-Fails. So was passiert mir heute sicher nicht mehr. Trotzdem verbrauche ich auch heute noch Tonnen von Make-up. Ich liebe es einfach. Alle, die mich kennen, sagen, ich bin wie Paris Hilton – nur krasser. Wenn die mit ihren Fiffis angestöckelt kommt, steh ich schon mit Fleckchen da, und zwar noch fünfmal aufgedonnerter. Ich sage euch: Eine Bitch ist nie schlampig! Eine Bitch achtet immer auf ihr Aussehen, holt alles aus sich heraus. Das verstehen viele nicht. Bei mir muss jedes Haar sitzen. Ich flippe aus, wenn irgendwas nicht so funktioniert, wie ich es haben will.

Als ich 14 Jahre alt war, hatte ich eine lange, dicke, kackbraune Mähne. »Iiiiehhh, voll ekelhaft, dein Pferdehaar!«, schrie so manch dumme Bitch in meiner Klasse. Eigentlich hätte ich den Weibern eine runterhauen sollen, aber nur Bitches ohne Hirnschmalz zoffen sich. Damals aber traf mich das innerlich sehr. Frustriert fuhr ich nach Hause, schnitt mir selbst die Haare ab, dünnte sie mit einem Messer aus und färbte sie mit einer Packung aus dem Drogeriemarkt platinblond. Das war brutal. Ich hab die ganze Zeit geheult. Natürlich waren meine Haare danach ein sprödes, kurzes Spliss-Desaster. Mein Friseur schlug mir ein paar Jahre später Extensions vor. Ich war begeistert. Endlich hatte ich die Haare, die ich mir immer gewünscht hatte: lang und blond, so schön wie die von Barbie. Von da an war ich die glücklichste Schlampe auf Erden, aber eben auch die eitelste. Ich ging tatsächlich alle zwei Tage zum Friseur. Ich ließ da richtig viel Zaster. Hunderte von Euro – ein schönes Monatseinkommen für den Schädelgärtner. Allein mit Waschen und Föhnen. Klar hätte ich meine Haare selbst waschen können. Aber ich hätte die nie so perfekt hinbekommen. Ich wollte eben immer so aussehen, als ob ich direkt vom Friseur komme. Darum ging es mir – und das war es mir wert. Dazu ließ ich mir alle zwei Monate die Extensions neu richten. Kamen noch mal 2000 Euro drauf. War es mir aber auch wert. Und genau da hatte ich es wieder: Wer schön sein will, muss leiden – in diesem Fall der Geldbeutel. Durch die Extensions und das ständige Waschen und Föhnen sind meine Haare irgendwann wieder abgekackt, was megascheiße war. Zum Glück lernte ich kurz darauf eine Make-up-Artistin kennen, die Echthaarperücken knüpft. Diese Frau sah jedes Mal geil aus. Ihre Haare waren immer perfekt und sie musste überhaupt nicht viel dafür tun. In den USA tragen fast alle Celebritys Perücken, aber auch in Deutschland werden es immer mehr. So wie beispielsweise *Let's Dance*-Jurorin Motsi Mabuse. Die trägt seit Jahrzehnten Perücken und sieht damit aus wie 'ne Eins. Das war die perfekte Lösung für mich. Das Gute an den Dingern ist, dass du total wandelbar bist: Mal trage ich mit einem Haarteil einen Zopf, mal einen Bob oder eben ganz lange Haare. Das ist ein Riesenvorteil, weil du damit spielen kannst. Privat laufe ich natürlich auch mal mit meinen eigenen Haaren herum, aber selten. Sofern es irgendwie möglich ist, will ich immer eine perfekte Frisur haben. Egal ob mich jemand sieht oder nicht. Das gilt auch beim Sex. Wenn das Haarteil nicht sitzt, geht bei mir gar nix. Ich hatte mal ein Date mit einem Mann, der superheiß war. Klar wollte ich, dass er mich fickt. Und wie es mit Typen halt so ist, lagen wir eine Stunde später aufeinander. Während der Kerl an mir herumschraubte, lag ich auf dem Rücken. Mein langer Pferdeschwanz wurde ins Kissen gedrückt, während seiner in mir kreiste. Ich weiß nicht, wie es genau passiert ist. Fakt ist, der Zopf fiel ab und ich guckte wortwörtlich wie ein gerupftes Huhn aus der Wäsche. Ultrapeinlich! Aber egal, ich musste übelst lachen. Sagte ihm: Muss kurz den Schwanz dranfummeln, ohne geht's nicht. Dann stand ich auf und ging ins Bad. Als Rapunzel wieder ready war, ging's weiter mit dem doppelten Rittberger. Störte den Typen nicht sonderlich. Hat noch seinen Höhepunkt bekommen. Und die Kerle sind da alle gleich: abgespritzt – Birne aus.

Auch mit Perücken muss man beim Sex aufpassen. Die verrutschen gern mal. Nimmt mich jemand doggy, ziehe ich sie einfach wieder hoch. Checken die Männer nicht. Man muss halt achtgeben. Und wenn sie doch mal verrutscht, habe ich kein Problem damit, dem Typen zu sagen, dass er auf meine sauteure Echthaarinvestition aufpassen soll. Ich verstehe eh die Mädels nicht, die den Mund bei so was nicht aufmachen. Machen sie ja auch, wenn ein Kerl seinen Schwanz rausholt. Ich habe es mir angewöhnt, gnadenlos zu sagen, was Sache ist. Und wenn ich mich beim Sex nicht geil finde, lasse ich es halt. Ich bestimme, wer auf mir liegt, genauso wie ich bestimme, wie ich dabei aussehe und wie ich mich am geilsten fühle. Will ein Typ an meine Muschi, muss er halt kurz warten, bis ich mit der Montage fertig bin. So sieht's aus.

Wenn es nach den Jungs geht, könnte ich meine Haare übrigens auch so lassen, wie sie sind. Männer juckt das null. Den Typen würde es natürlich sogar besser gefallen. Die meisten wissen nicht mal, was Extensions sind. Die finden lange Haare eher nervig. Genauso wie sie lange Nägel hassen. »Krass, was sind das denn für Maulwurfschaufeln?«, muss ich mir ständig anhören. Aber was soll's. Wenn ich Bock auf Prostituiertennägel habe, mache ich mir halt welche. ICH stehe darauf und MICH macht das an, dass ich so aussehe. Es geht nicht um die Meinung der Jungs. Es geht darum, dass es MIR gefällt. Würde ich danach gehen, auf was Männer stehen, würde ich mir einfach meine Haare natürlich machen, ein klein bisschen Make-up auftragen und mich so anziehen, dass es sexy, aber nie billig wirkt. Würde vermutlich auch schön aussehen. Ist aber einfach nicht mein Ding. Deswegen ziehe ich lieber meinen aufgebitchten Scheiß an, kleistere mir 50 Kilo Make-up in die Visage und bin glücklich.

Das alles kostet natürlich Geld, viel Geld. Eine gute Perücke kostet gern mal ein paar Tausend Euro. Kommt darauf an, was es für eine ist. Sie muss angefertigt, geschnitten und angepasst werden – das hat halt seinen Preis. Aber auch das ist es mir wert. Was nützt es mir, wenn ich eine Kunsthaarperücke aus dem Karnevalsshop aufhabe und mich wie eine Hartz-IV-Schlampe fühle? Mag sein, dass mancher Hater trotz meiner ganzen Investitionen sagt: »Du siehst echt billig aus.« Aber solchen Leuten zeige ich ganz entspannt den Mittelfinger und weise darauf hin, dass es extrem teuer war, so billig auszusehen.

Es ist einfach so: Wenn man Cash hat, kann man auch geil aussehen. Niemand, der flüssig ist, muss scheiße aussehen. Mit Kohle kann man verdammt viel aus sich machen. Aus dem Grund lasse ich mich auch nicht mehr verarschen: Kylie Jenner und Kim Kardashian beispielsweise sind nicht von Natur aus so schön. Die sind vor allem reich und können sich ihre Schönheit leisten. Sie haben Kohle und investieren ihr Geld in einen schönen Körper. Als Durchschnittsverdiener würden die zwei ganz normal aussehen! Ich finde die Kardashians zwar geil, aber für meine Begriffe sind sie nicht wirklich schön. Was die sind, können wir alle sein – wenn wir das nötige Kleingeld haben. So wie bei mir: Meine Brüste, die kann jeder haben. Das ist nichts Besonderes. Ich konnte mir den Vorbau halt leisten. Ich habe Cash, also kann ich mich optimieren. Aber mit wahrer Schönheit hat das nichts zu tun. Für mich ist eine Frau schön, wenn sie innerlich leuchtet und wenn sie von Natur aus mit einem Schmollmund oder einem Stupsnäschen gesegnet ist. Früher hab ich mir Kylie Jenner angeschaut und war sofort neidisch. Voll krass sieht die aus, dachte ich. Heute weiß ich: Sie hat einfach einen Haufen Schotter hingelegt. Diese Frau hat Millionen auf dem Konto. Sie pimpt sich auf maximumgeil, weil sie es sich leisten kann. Das ist ein riesiger Unterschied, und das checken viele Mädchen nicht. Ich finde, dass ich durch meine Operationen geil aussehe, aber ich bin nicht stolz darauf. Niemand muss deswegen zu mir aufschauen. Denn ohne Kohle wäre ich heute nicht so krass glam & shine! Stolz bin ich nur auf eins: Dass ich es geschafft habe, das Geld dafür selbst zu verdienen! Ich zieh mir die Amex Platin durch den Schlitz, Baby! Denn Bitches, die ihr eigener Chef sind, haben's immer leichter. Und wer sich die Diamanten für sein Krönchen selbst kauft, kommt nicht nur in den Himmel, sondern überallhin! Schreibt euch das hinter die Ohren, egal ob die gemacht sind oder nicht! Amen.

Epilog

Sei kein Opfer und sie werden dich anbeten! So und nicht anders geht das Game. Man kann vielleicht nicht immer verhindern, in eine Opferrolle gedrückt zu werden. Aber man sollte so schnell wie möglich wieder aus ihr herausspringen. Mit Mut, dem Glauben an sich selbst und dem Wissen, dass es scheißegal ist, was andere von einem denken! Schafft man das, ist man noch stärker als vorher und automatisch ein Vorbild für diejenigen, die diesen Weg noch vor sich haben.

Egal in welcher Phase seines Lebens man sich befindet: Es ist immer gut, innezuhalten, zurückzuschauen und zu reflektieren. Bisher fehlte mir im hektischen Alltag immer die Muße dazu, weshalb ich während der fiesen Viruskrise die Chance ergriff, exakt das anzugehen. Das völlig entrückte Weltgeschehen stimmte mich so dermaßen grüblerisch, dass ich diese Nachdenklichkeit auch auf mein Leben übertragen wollte. Ich nahm mir also vor, endlich auch mal über mein Seelenleben zu sinnieren. Noch nie war ich besonders gut darin, über Gefühle zu reden oder sie überhaupt zuzulassen. Überall renne ich halb nackt herum oder philosophiere über die intimsten Sexpraktiken. Geht es aber um mein Inneres, baue ich sofort eine drei Meter hohe Mauer.

Es nervte mich, dass ich viele Dinge nur verdrängte, statt sie zu verarbeiten, und das, obwohl ich von der Problematik tief in mir wusste.

Doch damit sollte nun Schluss sein. Mit diesem Buch stellte ich mich. Meiner Vergangenheit, meinen Gefühlen und meinen Fragen an mich selbst. Warum? Weil ich es meinen Fans schuldig bin, mich nicht nur körperlich auszuziehen, sondern zur Abwechslung auch mal einen Seelenstriptease hinzulegen. Man kann kein gutes Vorbild sein, ohne sich zu öffnen. Mir liegt es am Herzen, dass jeder, der sich für mich interessiert, erfährt, wie viele Facetten ich habe. Gute wie schlechte, harte wie weiche. Niemand ist ausschließlich tough. Vielmehr geht es doch darum, an den richtigen Stellen Gefühle zuzulassen und Verletzlichkeit auszuhalten. Auch Boss Bitches heulen, hadern mit sich und zweifeln. Das ist wichtig. Niemand entwickelt sich weiter ohne Reflexion und Schmerz. Aber eins tun Boss Bitches eben nie: aufgeben und sich verbiegen.

Der zweite Grund für das Schreiben dieses Buches ist persönlich. Ich wollte seelisch die Hose runterlassen, weil ich feststellte, dass ich es nur mit einer Selbstkonfrontation schaffen würde, über meine Kindheitserfahrungen hinwegzukommen. Ein Manuskript als Selbsttherapie sozusagen. All die Jahre verdrängte ich das Trauma mit meiner krassen Sexualität und dem auffälligen Aussehen. Niemals hätte ich vermutet, wie emotional und hart es ist, sich selbst den Spiegel vorzuhalten. Sich zu zwingen, alles schonungslos zu erzählen. Ohne Lügen, ohne Selbstverarsche. Vermutlich hätte ich mir schon viel früher unangenehme Fragen stellen sollen. Wie war das damals und wie habe ich mich gefühlt? Oft neigt man ja dazu, Erlebtes aus der Vergangenheit schönzureden, weil man Schlechtes eben gerne verdrängt. Wird man beispielsweise von einem Arschloch verlassen, ist der Wichser gedanklich verdammt schnell doch nicht mehr so böse. Unsere Erinnerung vögelt da oft mit der romantischen Wunschvorstellung, weil sie möchte, dass wir uns besser fühlen. Völliger Bullshit, denn am Ende wird man von dem Penner vermutlich noch mal verarscht, weil man der eigenen ge-fakten Erinnerung einmal mehr auf den Leim gegangen ist. Ich wollte aber nicht mehr auf irgendetwas hereinfallen und schaute deswegen ganz genau hin. Ich erkannte, dass ich tatsächlich einen seelischen Knacks aus meiner Vergangenheit davongetragen hatte. Als mein Vater in den Knast wanderte, löste sein Verschwinden einen tief sitzenden Vaterkomplex bei mir aus. Nicht sexuell, da bin ich unabhängig, aber sobald es um Beziehungen oder emotionale Dinge geht. Noch heute schreit alles in mir nach jemandem, der mich beschützt und mir etwas beibringt. Umarmt mich ein großer, starker Mann, fühlt es sich für mich zeitweilig so an, als ob mein Vater mich drücken und hüten würde. Schlagartig bin ich dann wieder das kleine Mädchen, das sich nach Geborgenheit und Ratschlägen sehnt. Innerlich stresst es mich enorm, dass mein Dad mir nichts mit auf den Weg geben konnte. Natürlich versuchte meine Mutter, sein Verschwinden mit ihrer be-dingungslosen Liebe zu kompensieren, aber einen Papa kann man eben nicht komplett ersetzen. Und so sehe und suche ich in Männern oft meinen Vater. Sobald es nicht nur um Sex geht, sondern um eine Beziehung, will ich, dass der Kerl sich um mich kümmert, mir Tipps gibt oder alle meine Probleme löst. Das ist erschreckenderweise das Gegenteil von meinem sonst so selbstbestimmten Wesen, was krass ist zu realisieren. Vielleicht bin ich deswegen auch derzeit als Single so glücklich, denn so falle ich nicht wieder zurück in dieses Muster. Aber ich bin froh, mich dieser Psychomacke gestellt zu haben. Nicht weil ich sie jetzt los bin, sondern weil ich sie erkannte und als Schwäche akzeptiert habe und deswegen besser mit ihr umgehen kann.

Genauso kann ich nun Ängste etwas besser verarbeiten. Ich kompen-siere meine Verlustängste nicht mehr mit zwanghaften Beziehungen, weil ich mir selbst beigebracht habe, dass es okay ist, allein zu sein. Das ist enorm fortschrittlich für mich. Seitdem ich nämlich nicht mehr krampfhaft von einer Beziehung in die nächste springe, fühle ich mich extrem befreit. Ich betrüge niemanden mehr, weil ich jedem offen sage, mit wem ich alles vögle, und ich kann allein irgendwohin gehen und etwas unternehmen, ohne ständig zu denken, ich würde einen Typen dafür brauchen. Da ist sie dann wieder, meine Selbstbestimmtheit. Ich bin mein eigener Herr. Mit eigener Kohle und Idealen. Ich möchte nicht versorgt werden. Nur hin und wieder umsorgt.

Wenn ich in die Zukunft blicke, sehe ich mich als starke Frau, auch wenn ich mich vor dem Altern tatsächlich ein wenig fürchte. Das ist schräg, weil es noch so lange hin ist, aber neulich erwischte ich mich, wie ich mir panisch vorstellte, wie wohl meine Beine später einmal aussehen werden. Runzlige Dellen in einem Meer von Besenreisern? Wenn ich mir den körperlichen Verfall bewusst mache, ist das schon beängstigend und ich hoffe, damit eines Tages umgehen zu können. Die Hülle vergeht, der Charakter bleibt. Das ist mir klar, weswegen ich mir fest vorgenommen habe, diesbezüglich nicht panisch zu werden. Was nicht heißt, dass ich meine zukünftigen Falten nicht mit Botox und Filler etwas aufhalten werde. Denn auch als ältere Frau kann man so noch fresh aussehen und ich finde nicht, dass das ein Widerspruch ist. Älterwerden akzeptieren kann man auch, indem man das Beste daraus macht. Egal mit welchen Mitteln. Ich denke, dass ich später einmal so sein werde wie Madonna. Die sagte schon als junge Frau, dass sie den Minirock auch mit 60 noch tragen würde. Weil es ihr nämlich scheißegal sei, ob Leute das hässlich oder ekelhaft finden. Ich liebe diese Einstellung – Worte, die exakt mein Ding sind. Ich werde genau die alte Schachtel sein, bei der alle sagen: »Oh mein Gott, ist die peinlich! Schaut mal, die ist voll ranzig, macht aber auf zwanzig!« Ich genieße es einfach, optisch auffällig zu sein. Ich liebe es, wenn mich die

Leute anstarren, weshalb auch immer, und genau das will ich mir auch später beibehalten. Diese schräge Vorstellung macht es mir ein wenig leichter, über das Altern nachzudenken, weil ich so auch als Oma noch Aufmerksamkeit erzeugen werde. Solange ich weiterhin auffalle, und sei es nur im Alltag, wäre es für mich auch nicht weiter schlimm, wenn meine Bekanntheit irgendwann zurückginge. Mir ist klar, dass ich meinen Promistatus nicht immer auf diesem Level halten kann, weil es der normale Lauf der Dinge ist. Man kann nicht 15 Millionen Jahre Hype haben, ich bin ja schließlich kein Hollywoodstar. Fast jeder Fame hat ein Ende, auch wenn es hart klingt. Auf einmal steht da keiner mehr und jubelt und man denkt sich so: Hä? Die sind mir doch alle hinterhergerannt eigentlich. Natürlich ist das ein abartiges Gefühl, aber man muss damit rechnen. Ich tue das zumindest, alles andere wäre naiv. Es ist der Grund, warum ich mir schon jetzt eine GmbH aufgebaut habe, mit der ich geschäftlich auch andere Dinge tun kann, außer mich selbst zu vermarkten. Damals brachen bei YouTube die Werbeeinnahmen weg und ich konnte schnell reagieren, weil ich mir parallel schon etwas anderes aufgebaut hatte. So werde ich es auch tun, wenn mein Fame vorbei ist. Vielleicht in Form einer Agentur, bei der ich nur noch im Hintergrund agiere. Möglicherweise aber auch etwas ganz anderes. Aber auf jeden Fall irgendetwas, wo ich weiterhin DIE CHEFIN bin! Und meine Aufmerksamkeitssucht befriedige ich dann, indem ich als geile Ü-50-Schlampe mit Stripper-High-Heels durch die Straßen laufe und mir denke: Da guckt ihr Spießer, wa?!

Aber man sollte sich natürlich von Ängsten nicht zu sehr verrückt machen lassen. Wenn ich mich nonstop fürchte, ruiniere ich mir jeden Moment und damit die Gegenwart. In den meisten Fällen ist es ja so, dass, wenn ein Unglück passiert, es sowieso gekommen wäre. Es lässt sich nicht ändern, nur weil man Schiss hat. Und sollte die Katastrophe doch nicht eintreten, war die ganze Panik umsonst. Ich versuche deswegen, immer zu differenzieren. Es gibt Sachen, mit denen ich mich auseinandersetze und über die ich nachdenke, weil ich weiß, dass sie wichtig sind. Auf der anderen Seite gibt es Dinge, die ich nicht beeinflussen kann und die mich deswegen auch nicht sonderlich jucken. So hab ich beispielsweise meine Flugangst abgelegt. Abstürze sind Abstürze. Das hat man nicht in der Hand. Ich bin mutig genug, Dinge zu ändern, die geändert werden können, aber ich chille, wenn es Umstände sind, die eben sind, wie sie sind.

Das Wichtigste jedoch, was mich meine kleine Selbstreflexionsreise lehrte, ist, den Wert meiner eigenen Person zu erkennen. Etwas, was ich mehr als 20 Jahre lang nicht greifen konnte. All die Zeit über dachte ich, ich wäre unnütz, es sei denn, ich gebe den Männern, was sie wollen. Etwas, was ich nicht oft genug betonen kann und jedem, der das hier liest, mit auf den Weg geben möchte: Lernt, euch selbst zu lieben, und nehmt dafür, was ihr braucht! Niemand wird jemals glücklich sein nur durch die Zuneigung anderer. Man macht sich damit abhängig. Liebe dich selbst, dann tun es andere ganz automatisch! Das mag für viele nach einem abgedroschenen Kalenderspruch klingen, aber es hat einen wahren Kern und ich habe mich dadurch ein Stück weit selbst gefunden. Denn eins sollte man nie vergessen: Glück findet allein im Kopf statt! Dem Glück ist es nämlich schnuppe, wer du bist oder was du hast. Es kommt zu dem, der gedanklich Platz dafür schafft. Und dafür muss man Dinge aussortieren, indem man sie herauskramt, bewertet und wenn nötig gnadenlos ausrangiert. Wie bei einem Kleiderschrank. Wenige hochwertige Sachen sind immer besser als Tonnen von Trash. So sollte es auch seelisch aussehen. Dabei sollte man stets bedenken, dass Hochwertigkeit oder Trash für jeden etwas anderes bedeuten. Weswegen ich auch niemanden dazu animieren möchte, so zu sein wie ich. Ganz im Gegenteil. Vielmehr ist es mir ein Bedürfnis, jeden zu motivieren, er selbst zu sein. Egal ob sexsüchtig mit dicken Titten oder ungefickt total befriedigt. Scheißt auf alle Hater, seid eure eigenen BOSS BITCHES! Wie auch immer ihr diese definiert.

PS: … und jetzt Buch zuklappen, hinlegen und selbst befriedigen! Das seid ihr mir schuldig!